Universale Economica Feltrinelli

Napoli

Libreria Feltrinelli

Stazione Centrale

Settembre 2011

LORELLA ZANARDO
IL CORPO DELLE DONNE

Feltrinelli

© Giangiacomo Feltrinelli Editore Milano
Prima edizione in "Serie Bianca" aprile 2010
Prima edizione nell'"Universale Economica" marzo 2011

Stampa Nuovo Istituto Italiano d'Arti Grafiche - BG

ISBN 978-88-07-72250-9

L'autrice ringrazia Cesare Cantù per l'importante lavoro di ricerca svolto
per i capitoli *Nuovi occhi per la tv* e *Una televisione per chi?*

www.feltrinellieditore.it
Libri in uscita, interviste, reading,
commenti e percorsi di lettura.
Aggiornamenti quotidiani

IL RAZZISMO
È UNA
BRUTTA STORIA.

razzismobruttastoria.net

A mio padre Romeo

Il primo gesto rivoluzionario è chiamare
le cose con il loro vero nome.

Rosa Luxemburg

*Ma è ben più doloroso/se per nemici e ami-
ci non sei più pericoloso.*

Manuel Agnelli (Afterhours), *Ballata per
piccole iene*

Il teorema della 94

Da anni a luglio ripeto un esperimento il cui esito finale spero mi sorprenda ma che finora mi ha dato sempre uguale risultato.

La 94 è la linea di autobus che collega le varie fermate della circonvallazione interna di Milano, quella denominata anche "la cerchia dei Navigli"; si tratta di una linea molto frequentata, che i milanesi prendono spesso. Anche chi usa sempre l'auto almeno una volta sulla 94 ci è salito.

Attendo una mattina quando la temperatura, quella torrida milanese di luglio, e l'umidità sono altissime e intorno alle undici vado alla fermata della 94, incrocio corso Italia con via Molino delle Armi.

Salgo e mi assale il caldo opprimente, l'aria è irrespirabile, gli abiti si appiccicano al corpo, la promiscuità con gli altri rende il tragitto ancora più faticoso; alcune persone intorno a me sbuffano infastidite dall'afa, altri sopportano, remissivi e sudati.

Tutti i finestrini sono chiusi.

Mi faccio strada educatamente tra i passeggeri e, in silenzio, comincio ad aprire il primo finestrino, parto sempre dal fondo dell'autobus.

L'impresa non è agevole: i finestrini a scorrimento della 94, forse per lo scarso utilizzo, resistono alla spinta, io in più devo sporgermi per raggiungerli, stando in equilibrio per non urtare i passeggeri i cui posti sono proprio sotto i suddetti finestrini. Posso spingere con una sola mano, altrimenti perdo l'equilibrio: compito, quindi, non facile.

All'inizio questa mia impresa prevedeva coraggio e determinazione: dal secondo finestrino in poi, infatti, tutti gli sguardi erano su di me, alcuni interrogativi, altri impassibili, e io mi sentivo comprensibilmente imbarazzata, mi pareva di star facendo qualcosa di ardito o sconveniente. Ora, dopo anni, proseguo come chi sa bene quello che fa, incurante della curiosità provocata.

Dal secondo finestrino aperto in poi, l'interesse svagato delle persone intorno a me diventa attenzione interrogativa, come se proprio non si spiegassero cosa sto facendo: come se l'apertura del primo finestrino rispondesse a un desiderio personale di soddisfare un mio bisogno di refrigerio. Ma l'apertura del secondo, del terzo... perché?

Con la terza faticosa apertura accade quasi sempre che un passeggero mi si avvicini e, senza che ci sia un accordo verbale, si sporge con me e mette la mano accanto alla mia per rafforzare la spinta: lo guardo con gratitudine, lui pare soddisfatto. Dal quarto in poi altri si avvicinano e, con coraggio e una certa arditezza, pongono la mano sopra la mia per aumentare la spinta. Finita la fila di destra, ricomincio con quella opposta: qui il lavoro si fa spedito, alcuni mi sorpassano e, precedendomi solerti, anticipano l'apertura. I passeggeri seduti sotto i finestrini si alzano per facilitarmi il lavoro. Sempre, verso la fine, qualcuno, di solito anziano, dice a voce alta: "Era ora! Si moriva di caldo!". Molti annuiscono, altri confermano a voce alta.

Adesso fa un po' più fresco, se non altro l'aria circola. La gente non mi guarda più con sospetto, anzi, si è creato un clima quasi complice.

E allora, finalmente, chiedo a voce alta e con sincera curiosità: "Ma, scusate, se avevate caldo perché non li avete aperti voi, prima, i finestrini?". Alla domanda, negli anni, segue sempre un silenzio tra l'imbarazzato e l'interrogativo, dopodiché si alza una voce, solitamente maschile, che pare riassumere la risposta di tutti: "Ma è arrivata [la 94] così dal deposito... con i finestrini chiusi".

Saluto con un sorriso e scendo.

Ho verificato che sulla 94, né quest'anno né negli anni precedenti, sia mai stato esposto un cartello che vieti l'apertura dei finestrini.

"Yo no soy para mas que parlar"

"Yo no soy para mas que parlar." Non so far altro che parlare, dice Teresa d'Ávila, e questa frase mi risuona nelle orecchie da mesi, precisamente da quando è iniziata l'avventura de *Il Corpo delle Donne*. Partire dalla propria esperienza è un approccio tipicamente femminile ed è quanto mai efficace, me ne rendo conto soprattutto ora che mi ritrovo, senza averlo previsto, a portare il documentario in giro per l'Italia; ora che, nel corso di accesi dibattiti, viene richiesta la mia opinione su come e perché nel nostro paese le donne siano così indegnamente rappresentate dai media.

Per anni ho lottato cercando di adeguarmi a modi di pensare "al maschile", diversi dal mio: non peggiori, dunque, né migliori; semplicemente, "altro da me". Strutture di pensiero logiche che partono spesso da una forma astratta, che utilizzano la terza persona, che sottomettono la forma esperienziale, ritenuta inferiore a quella astratta, teorica. Avendo scelto studi e professioni "maschili", per anni ho inconsapevolmente violentato il mio pensiero, adattandolo a forme non mie: i risultati comunque sono stati discreti, sono infatti riuscita a piegare il mio dire a quanto mi veniva richiesto dalla forma di pensiero dominante maschile. Restava però un persistente senso di frustrazione, la sensazione che fosse rimasto qualcosa di inespresso. Ogni tanto, dopo aver presentato analisi, studi, tabelle, piani e tesi a sostegno di un determinato concetto, mi sfuggivano degli "e inoltre mi pare, credo che, sento, ho sperimentato...", subito stroncati da un secco: "Ma qui ci basiamo su dati, su *fatti*, non su 'impressioni'".

È come per i piedi delle bambine cinesi, compressi in strettissime fasciature che ne impedivano la crescita naturale: quelle bambine, diventate donne, riuscivano comunque a camminare su quei piedini deformati, troppo piccoli per sostenerle agevolmente, ma sarebbero state scomode e a disagio per tutta la vita. A quante corse avrebbero rinunciato? Quanti luoghi sconosciuti non avrebbero visitato? Quanti sentieri avventurosi non avrebbero percorso? Tutte esperienze rese impossibili da piedi atrofizzati.

Alcune di noi, guidate da ottime maestre, stanno faticosamente cercando di uscire dalle "scarpe" del pensiero dominante. Su piedi-pensieri impacciati dal non utilizzo, provano ad avventurarsi incontro al mondo espressivo con un nuovo approccio: partire da noi, dal nostro vissuto e dalle nostre esperienze per capire il mondo e offrire questa comprensione a donne e a uomini. Chiedendo a questi ultimi che, per una volta, si affidino a noi e al nostro *modo*.

Mi è sempre piaciuto come procedono i missionari, che raccontano ciò che hanno udito, visto e, soprattutto, ciò di cui hanno fatto esperienza. E questo è anche il modo delle donne: sottende una pratica del sentire profonda, che non coinvolge quindi solo l'esperienza esteriore e che diventa indispensabile per una reale comprensione del mondo.

Da un certo punto in poi della mia vita, ho smesso di giudicare e classificare ciò che vivevo e ho cercato piuttosto di rendere vivo quello che attraverso le esperienze cominciavo ad apprendere. Mi è diventato chiaro, ad esempio, che il corpo è un potente strumento di comprensione del mondo, di certo non inferiore alla mente; che, a differenza di quanto mi era stato insegnato (mostrare di sapere mettendo tutto in discussione, sempre e comunque, come indice di carattere e determinazione), è fondamentale "stare nelle cose" senza giudicarle mentre le si vive. La critica, mi sono resa conto, è utile ed efficace solo quando viene esercitata al termine di un'esperienza vissuta in totale apertura e in assenza di pregiudizi. Solo allora è possibile verificare quanto corrisponda al proprio sentire e fino a che punto può/deve indurci a mettere in discussione noi stessi.

Contemporaneamente, la consapevolezza profonda che le nostre azioni possono incidere sulla realtà ci fa sentire il senso della nostra potenza e, insieme, il peso della nostra responsabilità. Lavorare in gruppo, costruire alleanze, oltre a permetterci di verificare la validità delle nostre intuizioni, ci consente di stemperare il peso della responsabilità. Ma le alleanze devono essere fondate su sensibilità comuni.

Muhammad Yunus, professore di economia in una sperduta regione del Bangladesh, un giorno passeggiava nei dintorni dell'università dove insegnava, in una zona poverissima. Dopo aver fatto poche, semplici domande a una donna che lavorava la paglia sull'uscio di casa, il professore si rese conto che per lei e per molti altri come lei sarebbe stato impossibile emanciparsi dalla povertà: i poveri contraevano prestiti dagli strozzini a tassi elevatissimi e si ritrovavano poi nell'impossibilità di rimborsarli. Fu così che prese forma nella sua mente l'idea di prestare piccole somme di denaro alle donne indigenti per permettere loro di dare avvio a commerci e attività artigianali. Iniziò quindi una limitata attività bancaria a tassi bassissimi rivolta solo alle donne, ritenute più affidabili: lo scopo era aiutarle ad affrancarsi da una povertà senza futuro. L'idea era semplice, e se nessuno ci aveva mai pensato prima probabilmente era stato per l'enormità dell'obiettivo: emancipare i poveri del Bangladesh!

Anche per aver messo in discussione l'operato della Banca mondiale nei paesi del Terzo mondo, Yunus ha incontrato molte difficoltà sul suo cammino: ancora oggi, però, la sua Grameen Bank si occupa di microcredito, ha filiali in tutto il mondo e il suo modello è stato ripreso con successo anche nei paesi occidentali, dagli Stati Uniti all'Europa. Cambiare il mondo, dunque, si può. Bisogna volerlo. Senza la capacità di immaginare e progettare il nuovo, non ci sarebbe alcun tipo di evoluzione. Sarà anche una banalità, ma non ci si pensa mai abbastanza. E se qualcosa non funziona, bisogna provare a farla funzionare in un'altra maniera. Anche se non ci sentiamo competenti, anche se ci sembra di non possedere gli strumenti giusti per innescare una reazione. Qualcuno dovrà pur farlo. Perché non noi?

Stare dentro le cose, viverle, e poi passare all'azione.

È stato con questo spirito che, superate le prime perplessità, Cesare Cantù, Marco Malfi Chindemi e io abbiamo deciso di "fare qualcosa" per denunciare l'uso dell'immagine femminile da parte della nostra televisione. È bastato dire sì alla proposta di trascorrere le vacanze di Natale guardando tanta tv anziché andare in vacanza.

Ma cosa, esattamente, mi ha fatto venir voglia di cominciare? Da cosa, esattamente, il progetto de *Il Corpo delle Donne* – vedere la tv, indignarmi, prenderne coscienza, essere coinvolta, avvertire l'urgenza di controbattere, usare la mia esperienza per dare una risposta – ha preso l'avvio?

Sentire il dovere di offrire un'alternativa, credo. Forse sta tutto qui. Sentirmi responsabile. Sentirmi *profondamente* responsabile delle mie azioni. E, indirettamente, anche delle azioni che riguardano me in quanto donna, e in quanto membro di questa società. Sono convinta che tutto mi riguardi e che le mie azioni possano determinare un cambiamento del Tutto. È proprio la consapevolezza che le mie azioni hanno il potere di modificare la realtà intorno a me a tenermi lontana da quel sentimento così diffuso di impotenza che sembra caratterizzare la nostra società.

Negli anni settanta ebbe grande successo "Re Nudo", un giornale della contestazione il cui titolo si ispirava a una fiaba di Hans Christian Andersen dove la dabbenaggine di un imperatore e il servilismo dei suoi cortigiani vengono ridicolizzati da un bambino, unico in una moltitudine di adulti ad avere il coraggio di dire apertamente ciò che vede. Accorgendosi che l'imperatore sta regalmente sfilando senza vestiti tra due ali di folla, il bambino grida infatti ciò che era visibile a tutti ma che nessuno osava denunciare: "L'imperatore è nudo!".

Questa fiaba è universalmente riconosciuta come un'efficacissima metafora della necessità di continuare a guardare il mondo con lo sguardo limpido dei bambini, e di dire le cose come stanno. Accade però che nella vita vera siano pochissimi coloro che hanno conservato questo tipo di sguardo, e ancor meno quelli che lo utilizzano con consapevolezza.

E dunque:

perché le ragazze in tv sono trattate come oggetti?

Perché le veline non possono parlare?

Perché in tv non si vede più un volto di donna matura?

Perché noi donne accettiamo questa umiliazione mediatica?

Cosa possiamo fare per tentare di cambiare le cose?

1.

Il *mio* corpo delle donne

Qui la donna è considerata a tutti gli effetti un essere inferiore: viene delegata a incarichi d'importanza minima, come per esempio informare dei programmi della giornata; ed è costretta a farlo in modo mostruoso, cioè con femminilità. Ne risulta una specie di puttana che lancia al pubblico sorrisi di imbarazzante complicità e fa laidi occhietti.

Pier Paolo Pasolini, intervista su "L'Espresso", 22 ottobre 1972

Non guardavo mai la tv. Nel senso che davvero per anni non l'ho quasi mai accesa. Non è stata una decisione di principio: semplicemente, le rare volte che mi capitava di guardarla la trovavo noiosa. Mi colpivano cose che gli altri, quelli che la tv la guardavano, sembravano non notare: "Perché la presentatrice grida?" chiedevo. "Perché le donne sono vestite da majorette?"

Alcuni anni fa, rimasi profondamente turbata di fronte al modo in cui durante un programma per famiglie, la domenica pomeriggio, veniva affrontato l'argomento della chirurgia estetica: c'era una donna di mezza età distesa su un lettino, esattamente come in una sala operatoria, e intorno a lei medici e presentatori che simulavano un intervento di lipoaspirazione. La situazione era paradossale e in quanto tale mi attraeva, quasi una pièce del teatro dell'assurdo. Ma non era Beckett, era la tv pubblica.

Un'altra volta, dal parrucchiere, lessi per la prima volta la parola "tronista": che orrendo neologismo, pensai, e mai avrei immaginato che definisse ragazzi palestrati seduti su un trono durante un programma televisivo pomeridiano. Leggevo ovunque degli ascolti record di certe trasmissioni e mi interrogavo su chi fossero i milioni di spettatori di programmi come *Striscia la notizia*.

Nell'ottobre del 2007, poi, un episodio che credo mi abbia spinto, inconsciamente, a iniziare il progetto de *Il Corpo delle Donne*.

Leggo che alla Triennale di Milano, un bellissimo spazio al Parco Sempione, c'è una mostra sugli anni settanta con foto e filmati d'epoca. Decido di andarci in bici con mio figlio Alessandro, undici anni: mi sembra una bella occasione per iniziare a raccontargli la Storia, quello che c'è stato prima di lui. La giornata è tiepida, le strade di Milano la domenica sono poco affollate e si pedala bene. Arrivati in vista del palazzo che ospita la mostra, intravediamo una coda interminabile che fa presumere almeno due ore di attesa.

Leghiamo le bici e decidiamo di metterci in fila: Ale si lamenta, non ha voglia di stare in piedi tutto quel tempo. Io intanto guardo la gente in coda con me per vedere la mostra. È completamente diversa da come mi aspettavo: molti ragazzini, moltissimi adulti dall'aspetto "televisivo" – abiti sgargianti, tacchi altissimi, pettorali in vista. Sembrano felici, ridono, parlano a voce alta. A un certo punto, parte un coro da stadio: "Enzo, Enzo, Enzo!". Non capisco cosa sta succedendo, c'è fermento nella fila che intanto continua ad allungarsi. D'un tratto, mio figlio mi stringe la mano e grida: "Mamma, guarda! Veloce, dai! C'è il Gabibbo!". Un boato accompagna la sua frase. Da una porta laterale è uscito un pupazzone rosso, di quelli che al circo fanno ridere i bambini. La gente pare impazzita, rompe la fila, corre verso il pupazzo. Mi guardo intorno confusa, quindi comincio a farmi strada, raggiungo la porta d'entrata, il servizio d'ordine trattiene la folla. "Scusi, ma è questa la coda per la mostra sugli anni settanta?" chiedo. "No, signora, dall'altro lato." Troviamo finalmente l'entrata giusta: non c'è quasi nessuno, la mostra è al primo piano, abbiamo perso mezz'ora per niente, facendo la fila per qualcosa che non ho ancora capito cosa sia e che infine mi viene spiegata dal guardiano: "*Venti di Striscia*, signora, è la mostra per i vent'anni di *Striscia la notizia*, al piano terra. Lei invece deve salire al primo piano". Ora capisco.

Quei volti da gitanti festosi sono in coda da ore per vedere da vicino un fantoccio e le foto di tutte le veline che si sono susseguite negli anni, forse anche per assistere all'apparizione di Ezio Greggio ed Enzo Iacchetti – anche se non è certo che arriveranno.

A metà salita, dove la scala gira, mi fermo. Da qui ho chiara la vista del piano terra: la gente grida, credo sia spuntata una velina in carne e ossa; intravedo un po' dappertutto installazioni con monitor che mandano in onda contemporaneamente i video dei vent'anni di trasmissione, il Gabibbo circola tra la gente che si accalca per toccarlo: davvero non riesco a credere che migliaia di persone siano uscite di casa per incontrare un pupazzo e due ragazzine. Evidentemente, *Striscia la notizia* sviluppa un forte senso di appartenenza! Trovo il fatto strano e interessante, un indizio per capire la società italiana di oggi.

Chiamo un amico che lavora come cameraman, gli chiedo di venire perché sono certa di star assistendo a qualcosa di importante, qualcosa che racconta di questi anni molto più di tanti libri. Ma lui non può, non è a Milano. Mi pento di non portare una piccola telecamera sempre con me.

Dal piano di sopra giunge intanto la voce di Bruno Vespa: "Il corpo di un uomo è stato trovato in una macchina in via Caetani...". È la registrazione dell'edizione straordinaria del Tg1 del 9 maggio 1978 che annuncia il ritrovamento del cadavere di Aldo Moro. Me lo ricordo bene, quel giorno in cui a Milano c'era un clima sospeso, silenzioso, come prima dello scoppio di una bomba. Ricordo anche che quel 9 maggio, a Cinisi, in provincia di Palermo, fecero saltare in aria Peppino Impastato, figura da me amatissima, colpevole di aver osato ridere della mafia.

Immobile tra i due piani, mio figlio accanto a me, osservo dall'alto un campione significativo di quei sette milioni di italiani che mediamente ogni sera, secondo l'Auditel, guardano contenti le due quasi bambine in ginocchio col culetto in vista e i due anziani presentatori con una comicità da avanspettacolo anni cinquanta. Spettatori che si sentono anche un po' barricaderi – e così si mettono la coscienza a posto – per aver delegato una possibile protesta al Gabibbo, un pupazzo che è come un giullare, pagato dalla corte che in questo modo controlla la capacità di reazione, ormai quasi azzerata, dei sudditi.

Un piano più su, e solo dieci anni prima dell'inizio di *Striscia*, gli anni settanta. Pare che un secolo divida questi due decenni, i cloni dei tronisti che dal piano terra inneggiano: "Melissa, Melissa, Melissa!" e gli slogan ai cortei, che dal primo piano giungono da un'installazione.

Quand'è stato, mi sono sempre chiesta, che si è passati dalla lotta armata, dal clima di tensione, dalla protesta, dalle manifestazioni oceaniche al disimpegno politico e all'interesse per il mercato come valore portante? Tra il '78 e l'80, molto probabilmente. Ecco, a metà tra piano terra e primo piano della Triennale di Milano, vedo gli anni in cui sto vivendo e gli anni che li hanno preceduti: avremmo potuto produrre un tempo migliore? Dove abbiamo sbagliato?

Altri due episodi, più lontani nel tempo, mi sono rimasti nella memoria e sono stati decisivi per l'avvio del documentario. Il primo è l'immagine di una ragazza accucciata sotto una scrivania di plexiglas. Ricordo esattamente che rimasi inchiodata al video mentre passavo da una stanza all'altra in casa di un'amica. Lo dissi a tutti, telefonai a tutti: in tv c'era una donna che stava sotto un tavolo quasi fosse un supporto... Lo sapevano. "Ma non dite niente?" mi meravigliavo. "Eh, ma la tv è così," mi sentivo rispondere, "tu non la guardi e non sai più cosa succede..."

Il secondo riguarda mia nonna Bice: ero andata a trovarla, stava seguendo le estrazioni del lotto, come tradizionalmente fanno gli anziani: sullo schermo, accanto alla rassicurante impiegata del ministero delle Finanze, una ragazza seminuda ammiccava tenendo la pallina numerata tra le mani, avvicinandola ora alla bocca, ora al seno con aria allusiva. Mia nonna non pareva curarsene, mentre prendeva nota dei numeri su un taccuino. Un amico tedesco, professore universitario, mi chiese in seguito una registrazione di alcune puntate della trasmissione perché voleva farne argomento di lezione, tanto lo trovava socialmente interessante. Poi, per anni, di tv non mi sono più occupata.

La tv, così com'è concepita oggi, è obiettivamente noiosissima. Molti amici mi dicono che la guardano solo una o due ore, la sera. Anche solo un'ora al giorno, però, significa circa trenta ore al mese, cioè trecentosessanta all'anno: tremilaseicento ore in dieci anni.

In trecentosessanta ore posso imparare discretamente una lingua straniera, leggere svariati libri, andare a teatro o al cinema decine di volte. Ma anche imparare a ballare la salsa o il merengue, o i fondamentali del tango. Con sette ore alla settimana posso persino impegnarmi davvero per cambiare quello che non va: mandare mail di protesta ai servizi pubblici che non funzionano, chiedere fondi per migliorare la scuola ecc.

Tra il 26 dicembre 2008 e il 31 gennaio 2009 ci sono stati trentasei giorni in cui Cesare, Marco e io abbiamo "lavorato" una media di dieci ore al giorno: cioè trecentosessanta ore ciascuno, le stesse che una persona che guarda poca tv trascorre davanti allo schermo in un anno.

Se lo svago assumesse i connotati dell'impegno, tutti noi avremmo tempo per far funzionare meglio le cose, anche lavorando, anche prendendoci cura delle nostre famiglie e dei nostri figli. Certo, è più impegnativo, ma è anche estremamente più coinvolgente; e il senso di pienezza che si raggiunge ripaga di tutta la fatica.

Cesare, Marco e io abbiamo guardato tanta tv, tantissima. L'idea era concentrarsi sull'intrattenimento, il resto lo avremmo preso in considerazione successivamente: non sempre conviene puntare subito al prodotto perfetto. L'analisi della fiction, dell'informazione, dei reality show avrebbe richiesto molto più tempo. E noi avevamo urgenza di dire, mostrare, denunciare. Di cominciare a fare.

Registravamo con più videoregistratori; alcune trasmissioni invece le guardavamo in diretta. Certi personaggi li riconoscevo, altri no. Era stranissimo: per una vita non guardi la tv perché non ti piace, perché capisci che ti schiavizza e ti rende passivo, poi all'improvviso ti ritrovi a guardarla dodici ore al giorno. Ma qualcuno doveva farlo. Credo che sia proprio così. Qualcuno *deve* occuparsi di quello che non funziona, per far sì che le cose cambino.

La prima giornata, seduta sul divano mentre fuori nevicava, è stata interessante, quasi adrenalinica: vedevo personaggi e situazioni che mi parevano irreali, provavo la stessa curiosità dell'antropologo che per la prima volta avvicina una tribù della quale non conosceva l'esistenza. Notavo particolari e dettagli non evidenti per lo spettatore uso alla tv: le ragazze erano ovunque, molto più di quanto avessi previsto. I corpi dominavano: corpi giovani ed esposti, ammiccanti e apparentemente sempre pronti a soddisfare il desiderio maschile.

Ma soprattutto, c'era un fatto che saltava all'occhio guardando tanta tv in modo concentrato: i personaggi erano pochi e presenti in molte fasce orarie. Ed erano gli stessi che troviamo sulle riviste di pettegolezzi. La costruzione del personaggio mi pareva estremamente semplice: si prende uno sconosciuto (o una sconosciuta) e lo si inserisce in molte trasmissioni, a quel punto diventa noto e può essere invitato come "personaggio" in altre trasmissioni, e apparire nei servizi fotografici sui giornali ad alta tiratura.

Un altro fatto appariva poi evidente: dalle scenografie agli abiti dei personaggi, dal modo di muoversi al tono di voce, tutto era estremamente misero e volgare. Un allineamento ai gusti più bassi del pubblico.

Immaginavo cosa mi avrebbero risposto gli autori tv se li avessi interpellati, quello che poi mi ha effettivamente detto uno di loro durante una puntata de *L'Infedele*, su La7: "Noi siamo artigiani che costruiscono trasmissioni sul gusto del pubblico". Non ero, non sono, d'accordo. I gusti degli spettatori si formano anche sulle immagini televisive. E non riuscivo a togliermi dalla mente che la tv è la principale fonte di informazione per l'80 per cento di coloro che la guardano.

Pensavo alla televisione che aveva accompagnato la mia crescita, o a quella vista per anni in Francia e in Germania. Non c'era continuità tra ciò che avevo visto da bambina e ciò che era adesso davanti ai miei occhi. Mina a *Studio Uno*, le gemelle Kessler, Franca Valeri erano bellezza, professionalità, humour, eleganza; soprattutto, modernità nell'introdurre nell'Italia degli anni sessanta, bigotta e povera, un modo nuovo di concepire il divertimento, la canzone, il ballo. Anche trasgressione, se pensiamo alle gambe scoperte, al corpo svelato, ma una trasgressione espressa con garbo e comunque indirettamente, restando la professionalità il motivo per il quale si lavorava o si veniva invitati in tv.

E non c'era confronto nemmeno con le altre televisioni europee, dove i modelli di femminile proposti erano molteplici e non si riducevano a un unico stereotipo di corpo oggetto. Nella televisione che stavo guardando, pochi parevano saper fare qualcosa. Mi colpivano soprattutto i cosiddetti "contenitori" pomeridiani, in cui non accadeva nulla e in cui non si parlava mai di nulla. Ecco, la differenza rispetto a prima dell'avvento della tv commerciale è proprio questa: non serve saper fare, basta provocare sempre e comunque, l'unica forma di intrattenimento è il richiamo sessuale.

Ricordo un'inquadratura all'interno di una trasmissione della domenica pomeriggio. Due concorrenti non dovevano far altro che sfilare davanti al pubblico. Entrambe indossavano sottovesti rosse di un tessuto che anche attraverso lo schermo si indovinava sintetico, ancora spiegazzate per essere state appena tolte, probabilmente, da quei cartoni rettangolari in cui i vestiti di poco prezzo vengono spediti dalla Cina.

"Mio zio cuciva i vestiti per Mina," mi ha raccontato un'amica. E a volte ci volevano settimane per confezionare quegli abiti che erano veri capolavori, pensati per valorizzare chi li avrebbe indossati, tagliati con sapienza, ricamati, rifiniti nei minimi particolari. Da casa, le telespettatrici guardavano ammirate; il giorno dopo ne avrebbero ricavato un modello da cui esperte sartine avrebbero cucito un abito traendo spunto da quello di Mina. Cura per gli spettatori. Rispetto. Professionalità. Prove. Abiti meravigliosi, presentatori professionali e pieni di talento, scenografie di buon gusto: la serata diventava una festa per chi guardava da casa.

Le immagini televisive che scorrevano davanti ai miei occhi invece erano offensive, non soltanto per ciò che mostravano ma anche per il modo in cui venivano proposte. I quiz erano di una banalità imbarazzante, le prove da superare elementari.

La soubrette Valeria Marini si sdraiava per passare, come al circo, sotto un'asta in fiamme. Sennonché al circo non c'è una telecamera che fruga ovunque: sullo schermo, invece, la Marini veniva inquadrata tra le gambe in riprese sempre più strette, coperta solo dalla striscia del perizoma. Il fine anche qui era scoprirsi, l'obiettivo non era far bene qualcosa ma giustificare in un modo o nell'altro il voler mostrare.

Elisabetta Gregoraci e Sara Varone, due soubrette attrazione di *Buona domenica* su Canale 5, ogni settimana intrattenevano il pubblico televisivo cercando di tenersi in equilibrio su una tavola da surf in movimento, portata in studio per l'occasione.

Anche qui il gioco era elementare, anche qui l'obiettivo era mostrare, inquadrare sotto le gonne le ragazze, che per mantenersi salde dovevano chinarsi in avanti, sempre di più, con la telecamera che le riprendeva da dietro. Non c'era nulla di erotico in quelle immagini, non uno sguardo ammiccante, non un gioco seduttivo. Piuttosto, la stanca ripetizione di quel filone pornosoft in voga negli anni settanta: donnine nude spiate dal buco della serratura da ragazzotti sovrappeso che ridono a crepapelle dandosi gomitate. Tutta la televisione era diventata un grande set dove non era richiesto saper cantare, ballare, intrattenere, ma contava solo mostrare: "Tanto queste sono belle!" diceva una presentatrice durante una trasmissione alludendo alle decine di ragazze apparentemente incompetenti che affollavano i programmi televisivi.

Carmen Russo, divenuta famosa per il seno da maggiorata attraverso le prime televisioni private alla fine degli anni settanta, ballava sullo schermo durante una puntata di *Buona domenica*. Pur essendo una ballerina professionista, ballava insieme al pubblico così come viene – forse per l'età, forse perché dalla tv non è più richiesto saper fare –, come si ballerebbe a una festa in piazza. La telecamera la inquadrava e io non ero più in grado di riconoscere la star da chi era lì per caso: nessuno sapeva ballare, tutti si dimenavano in modo approssimativo, e poi sorrisi forzati, qualche ragazza in minigonna, le solite riprese dal basso. Mi sembrava impossibile stare davanti a quel nulla, semplicemente guardando: non succedeva niente, non c'era niente da seguire.

Cercavo di immaginare cosa facessero le molte donne a casa di fronte alla tv: alcune forse stiravano, lanciando ogni tanto un'occhiata distratta allo schermo mentre la Varone si "esibiva" sotto la doccia; i bambini giocavano con il GameBoy mentre Carmen alzava la gambetta; le donne cucinavano e intanto sullo schermo un ragazzo palestrato faceva due passi di merengue con la Gregoraci. Una grande fiera, un luna park di quelli dove porti i figli due volte all'anno, "cinque palle un euro" e se butti giù tutti i barattoli ti prendi la bambola. Però lì era diverso, il luna park televisivo c'era ogni giorno, ventiquattr'ore al giorno.

Mi alzavo dal divano stranita, confusa.

Ma gli autori, domandavo, chi sono? Che scuole hanno frequentato? Cosa scrivono sui copioni?

Cosa avevano scritto gli autori di *Buona domenica* nella scaletta del programma? O quelli di una puntata di *Mezzogiorno in famiglia*, storica trasmissione del sabato e della domenica mattina di Rai Due, dove Stefania Orlando si dondola su un'altalena? Quella dove salgono i bambini al parco giochi quando hanno tre anni e a otto già non ci salgono più perché si vergognano. Ai lati, quattro musicisti in costume da Carnevale tenevano ridendo i quattro pali che sostengono l'altalena. Stefania si dondolava, la telecamera puntava dritta tra le gambe mentre l'altalena volava in alto e io cominciavo ormai a capire come l'attrattiva di ogni gioco fosse spiare le mutandine sotto la gonna delle ragazze. Mi tornava in mente che, quando avevo sette anni, nel quartiere dove abitavo c'era un bimbo poco più grande di me che si metteva sempre davanti all'altalena per guardare "lì". Noi ridevamo. Anche Stefania, quasi quarantenne, bionda e dal viso dolce, rideva. La regia staccava su un'inquadratura più larga, mostrando l'intera scena. Avevo giudicato frettolosamente, sbagliando. Il gioco non era centrato solo sul voyeurismo, a cui mi stavo abituando. C'era dell'altro.

Vicino al primo musicista reggipalo situato a sinistra, riconoscevo Tiberio Timperi. Ho letto nella sua biografia in rete che è nato nel 1964, è giornalista, conduttore di tg, attore e scrittore. Per il ruolo che lì gli veniva chiesto di ricoprire, le sue competenze non servono: doveva prendere all'amo Stefania. Teneva in mano una canna da pesca dalla quale penzolava una fragola. Tutte le volte che Stefania volava in alto, mentre la gonnellina si sollevava, doveva aprire la bocca per cercare di afferrare il frutto.

Cesare rideva, io guardavo Timperi. Come quasi tutti i personaggi maschili in tv, indossava giacca e cravatta. Avrebbe avuto un'aria dignitosa. Immaginavo fosse laureato, aveva studiato quindi quasi vent'anni, era un uomo maturo. Lo sguardo era mite, non sembrava divertito, piuttosto imbarazzato, mi faceva pena. "Ma che pena! Quelli come lui guadagnano un sacco di soldi per prestarsi a questi ruoli," mi dicevano Marco e Cesare. La scena era surreale: non li dimostravano, ma Stefania Orlando e Tiberio Timperi avevano quasi cent'anni in due...

Mi innervosivo: ma gli autori *chi erano*? Volevo saperlo. Non ce l'avevo con i due presentatori, non so perché. Ma volevo sapere i nomi di chi si alza al mattino e scrive, pagato, un programma che prevede di portare in studio un'altalena e farci salire una donna dopo aver detto alla costumista di vestirla come una Heidi in versione hard. E mi chiedevo chi aveva spiegato a Timperi come far finta di "pescare" la sua collega. Donne mature come bambine non cresciute, la presunta ocaggine come attrattiva.

Stefania apriva la bocca e finalmente afferrava golosa la fragola appesa all'amo di Timperi: cosa stavano facendo intanto a casa?

Provavo a figurarmi in quelle giornate invernali davanti a quei programmi inutili, insulsi, dove non succedeva mai niente, dove i giochi erano elementari, le battute infantili e l'unica attrattiva pareva essere il corpo giovane, provavo a figurarmi le case dei milioni di italiani in cui entravano quelle immagini.

Nei tinelli delle famiglie italiane

A partire dagli anni sessanta, il termine "tinello" ha cominciato a indicare il luogo dove la famiglia si riuniva per il pranzo e la cena e dove era collocato il televisore, allora in bianco e nero. A quell'epoca, le trasmissioni erano limitate a poche ore al giorno.

Il tinello è una realtà ancora presente in molte famiglie italiane, anche se spesso con il nome più moderno di "soggiorno". La differenza è che oggi la tv resta accesa tutto il giorno.

Al mattino la accendono le mamme casalinghe; o le donne anziane che vivono sole, o più raramente con la famiglia della figlia. Rimane accesa durante il pranzo, una volta tornati da scuola i figli, che spesso la lasciano accesa anche il pomeriggio, come sottofondo di compiti e merende. E non viene spenta la sera, quando rincasa il marito-padre: si cena con il tg e poi si passa la serata davanti allo schermo.

Dagli anni sessanta a oggi molto è cambiato nelle forme e nelle organizzazioni della famiglia italiana. La grande differenza è il numero maggiore di ore in cui il televisore resta acceso.

Cosa accade, dunque, nei tinelli delle famiglie italiane davanti alla tv?

Quando a metà mattina una dottoressa specializzata in chirurgia estetica di età indecifrabile e dalla bellezza artefatta dispensa consigli su come aumentare la dimensione del seno col semplice innesto di una protesi, quali pensieri passano per la mente della donna-madre-moglie che intanto cucina, spolvera, passa l'aspirapolvere?

Mentre rammendano, lavano le verdure, buttano la pasta, cosa pensano le nonne vedendo il presentatore che in tv si complimenta per gli "splendidi davanzali" delle ospiti in trasmissione?

E la tredicenne che fa i compiti sul tavolo di fronte alla tv, cosa pensa, mentre una delle eroine televisive dichiara che un uomo che ha tante donne è nel giusto, ma una donna che ha più di un uomo "si chiama solo in un modo"?

E queste donne di generazioni diverse, cosa pensano quando insieme al padre o al fratello guardano la Gatta nera che alle otto di sera si presenta in stivali sado-maso e tuta in latex nero in veste di valletta del "gioco per famiglie" *Mercante in fiera* su Italia 1? O davanti al balletto lesbo di due tra le decine di soubrette straniere che spopolano qui da noi?

Cosa pensano queste donne? E cosa si dicono?

È da quei tinelli, da quegli sguardi di donne che vagano dallo schermo al marito, al figlio, al fratello che lo guarda, che si fa strada l'idea che essere una di quelle donne potrebbe essere l'unico modo per "esistere"?

Nasce da lì, mi chiedevo, il desiderio di molte ragazze di imitare le schedine/veline/letterine, apparentemente così potenti? Guardando la tv, intuisci già da piccolissima che il tuo corpo sembra avere un potere enorme sugli uomini, sul pubblico. E infatti, in questa società neoliberista dove il fine giustifica qualsiasi mezzo, il corpo delle donne – e in maggior misura quello delle bambine – è diventato un potente strumento di scambio economico. Allora, quelle immagini che scorrono sullo schermo, grottesche, di un erotismo così becero e infantile, quelle immagini che incombono gigantesche dalle affissioni, dai tram e dagli autobus, quelle immagini che occhieggiano dalle riviste... cosa comunicano alle ragazzine? Un insieme di forza e smarrimento.

Hai quindici anni, sei femmina e intorno a te c'è un'attenzione formidabile per il tuo corpo. Ho sempre trovato insopportabile l'ipocrisia di chi poi si domanda le ragioni del preoccupante fenomeno del lolitismo: si tratta, è chiaro, della risposta più prevedibile alla pressione mediatica sulle bambine, così come la descrive Loredana Lipperini nel suo *Ancora dalla parte delle bambine*:

> Il mondo dell'infanzia ci viene presentato come insidiato da mille pericoli (i pedofili, Internet, la televisione, il consumismo) e contemporaneamente come insidiatore della tranquillità e dell'autorevolezza adulta (non riusciamo a farci obbedire, non studiano, vogliono giocattoli sempre nuovi). E quello stesso mondo viene vezzeggiato e incitato, infine, ad assumere atteggiamenti che precocemente imitano il mondo degli adulti in ogni suo aspetto: da quello del consumo a quello del sesso, passando per l'emulazione del narcisismo televisivo [...].
>
> Partiamo dal presupposto, già verificato, che il tweening (l'adolescenza retrodatata) è un fenomeno noto e conosciuto: in sostanza, significa che i temi, i prodotti, i programmi televisivi rivolti apparentemente ai quattordicenni vengono in realtà fruiti dai bambini di otto anni. E che gli autori e gli sceneggiatori lo sappiano altrettanto bene degli esperti di marketing che cercano di abbassare quel punto di ingresso, sapendo quanto i bambini siano, ormai, consumatori indispensabili.[1]

Sto andando a prendere il treno, 8.30 del mattino. Fa freddo, le auto sono incolonnate, io cammino sul marciapiede tra la gente che attende il tram. Due uomini sulla quarantina, giaccone sportivo, corpi asciutti, camminano davanti a me chiacchierando. A un tratto uno di loro rallenta e gira la testa in direzione della fermata del tram; seguo il suo sguardo che si posa su una ragazzina, avrà sì e no quattordici anni: jeans, scarpe da ginnastica, carina, sulle spalle uno zaino che immagino pieno di libri. Nessun richiamo erotico trapela dal suo abbigliamento, o dal suo sguardo. Una ragazzina.

[1] Loredana Lipperini, *Ancora dalla parte delle bambine*, Feltrinelli, Milano 2007.

L'uomo indugia e sorride, lei abbassa lo sguardo.

Ho un moto di rabbia. Ricordo bene quelle occhiate che si fermavano su di me poco più che bambina, il mio imbarazzo, la mia timidezza: io non sapevo cosa farmene di quegli sguardi. Il gioco della seduzione sarebbe iniziato molto tempo dopo, solo una volta divenuta adulta.

Continuo a camminare dietro ai due.

"Oh, non te ne perdi una! Ma non vedi che è una bambina? Dalle un po' di tempo!" Intanto però l'uomo mette un braccio intorno alle spalle dell'amico e ride complice.

"A me le donne piacciono, tutte. Sì, bambina... e allora? Potrò togliermi qualche piccola soddisfazione, almeno al mattino?" Ed entrano nel bar, di ottimo umore.

Tra donne, una conversazione così sarebbe impensabile. È vero che molte di noi stanno adottando sempre più spesso comportamenti maschili, ma questa concezione del corpo altrui come mero oggetto di soddisfazione sessuale, visiva o fisica, tra le donne è rarissima.

Ma, si diceva, forza e smarrimento. Perché alla sensazione di potere che le ragazzine ricavano dall'essere oggetto di attenzione da parte di uomini adulti non può non essere associato un senso profondo di inadeguatezza e di smarrimento derivante dall'età – che sarebbe ancora un'età infantile, se il mercato non imponesse alle bambine una crescita accelerata.

Pensavo agli italiani di fronte alla televisione. Mi chiedevo come si sentissero, sottoposti costantemente com'erano a stimoli erotici: coniugi che si accoppiavano davanti allo schermo stimolati da enormi seni perennemente in primo piano, adolescenti eccitati davanti a provocanti soubrette in trasmissioni pomeridiane... Ma è veramente così?

Mi rendevo conto che dagli anni sessanta a oggi continuiamo a essere il Paese di Bengodi per le straniere formose.

La trentacinquenne Victoria Silvstedt entrava sulla scena della *Ruota della fortuna* su Italia 1 facendo la giravolta, come le bimbe all'asilo. Roteava e intanto la gonna ampia – quella delle bambole che le nonne tenevano sul letto – si sollevava, la solita telecamera era pronta a sbirciare di sotto. Lei, alta più di un metro e ottanta, è un donnone come pare piaccia oggi agli italiani. (Ce lo ricorda anche la tedesca Ela Weber, alla quale fu chiaro fin da quando era ragazzina e si sintonizzava sulla tv italiana che, essendo alta, ben piazzata e bionda, aveva ottime chance di sfondare nella televisione del Bel paese: e quanto al seno come piace agli italiani, se lo sarebbe procurato.) Intanto Victoria alzava le braccia per facilitare il lavoro al cameraman che inquadrava i seni prosperosi, naturalmente dall'alto. Vicino, l'onnipresente archetipo dell'uomo che rassicura i tanti milioni di suoi simili che stanno guardando e che potrebbero sentirsi non all'altezza accanto a queste valchirie d'Oltralpe: bassetto, sovrappeso, occhialini. L'uomo di contorno, infatti, non è mai macho, non è mai seducente, non è la rappresentazione di come le straniere immaginano il maschio latino: non è, per intenderci, Antonio Banderas. Al fianco di queste apparentemente voraci vampire – si tratti della svedese Victoria Silvstedt o della venezuelana Ainett Stephens, la Gatta nera dei programmi dell'ora di cena, o di Aida Yespica, altra venezuelana che va per la maggiore, o della gettonatissima Belen Rodriguez, eroina argentina dell'*Isola dei famosi* – troviamo sempre l'uomo qualunque, la negazione dell'erotismo, quello che ci ricorda l'amico barzellettiere immancabile in ogni compagnia.

Non c'era bellezza nelle immagini che vedevo sullo schermo. Quelle ragazze attraenti venivano proposte come carne da macello. Inquadrature oscene, abiti dozzinali, uomini volgari, copioni banali.

"È questo che vuole la gente. Se no non farebbero certi ascolti," mi dicevano gli amici.

Poi guardavo su YouTube, il canale della rete che raccoglie ogni tipo di video, spezzoni di trasmissioni degli anni sessanta, quando la Rai era una delle migliori televisioni del mondo.

In un paese che agli inizi di quel decennio aveva ancora un alto tasso di analfabetismo, dove si parlava prevalentemente in dialetto, dove il boom economico stava per arrivare ma la povertà era ancora diffusa, gli italiani uscivano di casa – erano ancora in pochi a possedere un apparecchio televisivo – per andare al bar o anche solo in casa di amici e vicini per guardare *Lascia o raddoppia*, *Studio Uno*, *Canzonissima*. I modelli erano alti: se guardiamo ad esempio Tognazzi e Vianello di quegli anni, la loro ironia e il loro senso dell'umorismo ci sembrano inarrivabili.

"Io do alla gente quello che la gente vuole." Mi tornavano in mente le parole dell'autore televisivo. Non era così. Non era assolutamente così.

Se negli anni sessanta gli autori avessero dato al pubblico quello che si manda in tv oggi, cosa sarebbe accaduto? Il pubblico può anche essere educato al bello, al meglio, e la Rai, all'inizio, aveva anche questo tra i suoi obiettivi.

La Orlando apriva la bocca per prendere una fragola all'amo. Le vallette del presentatore Carlo Conti nel programma *L'eredità*, le "professoresse" (così chiamate perché, anziché essere in mutande come tutte le altre vallette, indossano abiti "da insegnanti" – e che quindi per lo standard televisivo sono monacali), non mostravano il corpo, bensì giravano intorno a un tavolo e ogni tanto, così, senza ragione, non perché stessero cantando o recitando, spalancavano la bocca. Le guardo, inquadrate in primissimo piano, e il mio pensiero correva agli autori: pure questi, cosa avranno scritto sul copione? "Girate intorno al tavolo e ogni quindici secondi, in modo da essere sincronizzate, spalancate la bocca"?

Anche gli uomini stavano a bocca spalancata, non si capiva perché. Pasquale, un gieffino – ovvero, come mi hanno spiegato, un ospite della casa del *Grande Fratello* –, mi apparve per la prima volta dietro al surf sul quale barcollava Elisabetta Gregoraci che si alternava con la collega Sara Varone. Anche qui, la mia mente correva agli adulti che scrivono la tv, che hanno alle spalle lauree e master di scrittura televisiva: "Portare un surf in studio, montarlo sopra una piattaforma semovente, come fosse un cavallo delle giostre. Assumere una ragazza procace. Se non c'è, prenderne una magra e chiederle di diventare procace. Infilarle un abito strettissimo, in modo che debba sollevarselo per salire sul 'cavallo'. La ragazza perde l'equilibrio, ciò nonostante deve continuare a guardare la telecamera e, sempre a novanta gradi, sorridere".

Pasquale, dunque, mi apparve un giorno in cui guardavo Sara che fingeva di non voler assolutamente salire sul cavallo-surf: "Mi esce tutto," si lamentava. Per l'occasione, infatti, il vestito era non solo corto e stretto ma anche scollato. Il cavallo-surf, impennandosi, le avrebbe fatto uscire – per l'appunto – "tutto". Una mia coetanea di bella presenza, la conduttrice avrei detto, la prendeva terribilmente sul serio. "Sara dice di volerlo fare sdraiata," annunciava; cioè, Sara voleva stare sdraiata sul surf perché non le uscisse "tutto". A questo punto partiva un "noooooooooooooooo, nooooooooooooooooooo" di protesta da parte di quelli intorno al cavallo-surf: Pasquale, un suo "collega" e dei sosia. (In verità, all'inizio credevo fossero Adriano Celentano e Orietta Berti in persona. Invece, mi hanno assicurato gli amici, erano sosia.)

Quanto si spende per queste trasmissioni? Quanto costa un cavallo-surf? Poco, direi. E l'ingaggio di due ragazze semisconosciute? Poco anche quello. Ospiti sosia di personaggi famosi? Pochissimo, probabilmente vengono quasi gratis pur di avere visibilità. Costumista? Non sembrava, sinceramente, che ne avessero impiegato uno... Probabilmente soltanto la presentatrice, che mi dicevano essere famosa, rappresentava un vero costo a budget. Dunque, trasmissioni che hanno tutta l'aria di essere a basso costo – ma che forse invece non lo sono – per un pubblico addomesticato e abituato ad accontentarsi di poco o niente.

"Nooooooooooooooooooooooooo!" urlava Pasquale. "Nooooooooooooo!" Nudo dalla cintola in su, pettorali palestratissimi, rideva. Anche lui non ricordava nemmeno lontanamente il classico maschio latino seduttore. Un ragazzone che, chissà per quale motivo, non voleva che Sara si sdraiasse sul surf. In un'inquadratura guardava perplesso la compagna di gioco: la bocca rimaneva aperta per un periodo che pareva eccessivamente lungo.

Una vendetta del regista? Perché indugiare nell'inquadrare le persone da dietro mentre si piegano in avanti, o in primo piano quando restano a bocca aperta e scomposti? In questo caso non c'era nemmeno più la ricerca del proibito, del richiamo sessuale. Soltanto scherno, umiliazione. Mi accorgevo di guardare trasmissioni che stimolavano i nostri istinti più bassi. Come quando alle elementari qualcuno versava le fialette puzzolenti sul cappotto del primo della classe e tutti ridevano della sua mortificazione. Ricordo una trasmissione dove Teo Mammucari fingeva di ipnotizzare una soubrette a cui veniva ordinato di togliersi pantaloni e reggiseno. La donna restava in piedi, in mutande e reggiseno, gli occhi chiusi, i pantaloni alle ginocchia. La telecamera la inquadrava, piacente e adulta, con i pantaloni calati: l'immagine era oscena e mi pareva che con questa violenza visiva si andasse ben oltre la proposta di modelli in cui gli spettatori a casa potessero immedesimarsi, come amano ripetere i teorici della tv. C'era un compiacimento nel mostrare oltre il lecito e oltre il buongusto, c'era il piacere dello scherno, dell'umiliazione: come se si desse per scontato che a casa godessero nel vedere i loro eroi avviliti.

Emergeva, dalla visione continuata di programmi televisivi, una figura di donna ibrida: erotica e a disposizione del maschio, come accade da secoli, ma spesso con uno sguardo e un atteggiamento aggressivi, da schiava-padrona. Un esempio interessante era rappresentato da Cristina del *Grande Fratello 9*: forme abbondantissime, chirurgicamente adattate a un presunto desiderio maschile e abbinate a una gestione manageriale del corpo. Lo sguardo non era mai arrendevole, era lei la padrona del desiderio maschile. Il cambiamento rispetto alle pin-up di trent'anni fa era enorme. Diceva Cristina in un'intervista: "Piacerò agli uomini per le mie forme, ma piacerò anche alle donne che diranno: 'Questa è una ragazza con le palle'".

Qual era la differenza tra Cristina e una qualsiasi altra ragazza a inizio carriera?, mi chiedevo, una ragazza come, in un certo senso, ero stata anch'io. Se consideriamo l'atteggiamento di fondo e sospendiamo momentaneamente il giudizio morale, è evidente in entrambi i casi l'adozione di modelli di comportamento maschile. Negli anni cinquanta, a nessuna soubrette sarebbe venuto in mente di dichiarare, come Sara Tommasi: "Dopo quattro anni di studi alla Bocconi, sono stata manager in una grande azienda. Oggi sono io il prodotto, un prodotto che vendo nel mercato dello show business". Oggi vediamo spesso donne intelligenti che gestiscono con piglio imprenditoriale e atteggiamento maschile un corpo iperfemminile. Sono loro che intimidiscono i tanti uomini che scrivono al nostro blog per esprimere il loro disagio? Tra loro, ragazzi attratti dalle forme prosperose di giovanissime ma non attrezzati alla relazione con questa nuova tipologia di giovane donna: apparentemente, una "facile" preda – con tutti gli attributi di un femminile che fa leva sugli istinti primari e di accoppiamento, dove nulla più è lasciato all'immaginazione; di fatto, però, una donna esigente, dai modi virili, che lascia gli uomini sconcertati, spiazzati da un binomio inaspettato e sorprendente.

Tra le immagini televisive che più mi colpivano c'erano quelle di *Striscia la notizia*. Posizionato nella fascia oraria dalle 20.40 alle 21.10 su Canale 5, subito dopo il telegiornale, per milioni di italiani *Striscia* costituisce l'informazione. Le due "veline", provocanti, ammiccanti, stanno in ginocchio sulla scrivania dei conduttori, occupando i lati dello schermo. Sorridono al pubblico, vezzose e infantili. Non parlano quasi mai. Ogni tanto si alzano per lo "stacchetto", un balletto durante il quale la telecamera sbircia insistentemente sotto le minigonne. Sono "ragazze decorazione": volti e corpi piacevoli ma non eccessivi nelle forme, sguardi ingenui. Sono le "grechine", le decorazioni che le maestre ci insegnavano a disegnare alle elementari per abbellire le pagine dei nostri quaderni. A queste ragazze non è richiesto quasi mai di parlare e, se lo fanno, è solo per avvalorare l'affermazione di un uomo: dunque fungono, oltre che da grechine, da eco, da amplificatori. Figura indispensabile alla rassicurazione maschile, la "grechina" incarna il sogno della ragazza della porta accanto. Pareva, guardando le immagini scorrere sullo schermo, la tv di una tribù primitiva su un'isoletta sperduta nell'oceano, una tribù non ancora evoluta i cui istinti più sviluppati fossero una sessualità spicciola e un umorismo infantile.

I due conduttori, maschi, invece parlano. Cosa dicono? Il linguaggio è quello dei maschi adolescenti in pieno scombussolamento ormonale. Loro però, Iacchetti e Greggio, sono vicini ai sessanta e hanno la spensierata arroganza degli anziani maschi italici: incuranti degli anni che passano, alternano barzellette a battute a doppio senso sulle loro partner in trasmissione, che per età potrebbero essere le loro nipoti. In particolare, meriterebbero un'analisi approfondita i versi emessi da Greggio: sembrano proprio studiati per raggiungere un pubblico misto di bambini, ragazzini e adulti. E allora, cosa emerge da uno dei programmi più guardati della tv italiana? Emerge che *Striscia*, con quei due quasi sessantenni adolescenti e quelle due lolite, è davvero uno spaccato dell'Italia d'oggi: perdita di ruoli, mancanza di figure di riferimento. Dove sono gli adulti a cui i ragazzi e le ragazze possono ispirarsi in modo simbolico? Indubbiamente però il format è geniale, perché, nonostante tutto, gli autori hanno tenuto conto del problema delle coscienze.

"*Striscia* mi piace perché denuncia quello che non va," mi dice l'amica avvocato, simpatica e impegnata, mentre pranziamo e discutiamo di femminismo.

"Io non guardo mai la tv," mi confida la mamma di un'amica di mia figlia, "e le veline non mi piacciono, ma almeno è una trasmissione che dice quello che non funziona."

Striscia gode di grande credibilità anche tra quanti guardano poca televisione, tra quelli che non diresti, perché svolge la funzione di catalizzatore di scontento e sedativo di coscienze. *Striscia* indaga e denuncia per bocca di un pupazzone le tante disfunzioni del nostro paese. I due presentatori commentano con una battuta, le veline annuiscono, noi a casa ridiamo e ci sentiamo anche meglio perché possiamo non occuparci di prendere coscienza e opporci: il Gabibbo lo fa al nostro posto.

In quei giorni cronometravo quanto tempo stavano inginocchiate le veline, un ginocchio a terra e l'altro sollevato, la testa innaturalmente girata di lato, sorridendo in camera. "Le veline," ci ricorda Erik Gandini, regista di *Videocracy*, "sono showgirl. Non possono parlare. Il loro posto è accanto al conduttore, messe nella posizione della velina." Posizione che, aggiungo io, dev'essere scomoda. La scomodità fa audience?

In quelle lunghe giornate dell'inverno 2008 verificavo su di me gli effetti di quell'immersione mediatica: mi alzavo dal divano spossata, come narcotizzata da quelle ore di nulla. Credo di aver "visto" ciò che era sotto gli occhi di tutti proprio perché non avevo quasi mai guardato la televisione e dunque il mio sguardo era ancora non assuefatto. Mi alzavo, mangiavo, tornavo a guardare, tentavo di registrare sensazioni e pensieri.

Di una cosa sono stata subito consapevole: la gente vuole questa televisione perché è questa la televisione che guarda da venticinque anni. E mi è divenuto ancor più chiaro che la tv crea dei modelli, educa e propone stili di comportamento e di vita. In particolar modo là dove le proposte alternative sono carenti.

Il presentatore sceglie una ragazza dal pubblico per portarla con sé in scena; lei è timida, oppone resistenza. Lui la tira per un braccio, finché cede. Il presentatore incalza e dopo un'occhiata significativa la apostrofa: "Le tette, a casa le hai lasciate?". La ragazza sorride, il sorriso delle timide che non hanno il coraggio di reagire, che temono il giudizio degli altri. Il pubblico scoppia a ridere, un vero e proprio boato. Ma il pubblico, mi chiedo, è formato da individui? O è un insieme di persone che, una volta in gruppo, si fondono in un composto magmatico senza consapevolezza e privo di sensibilità? Il pubblico ride, e il fatto che si diverte è importante.

In un altro programma, una ragazza penzola appesa a un gancio: il sedere e le cosce sono scoperti, unti di olio. Vicino a lei pendono decine di prosciutti. Un uomo, il salumiere presumiamo, la tiene ferma. È uno scherzo, ma forse lei non lo sa. Deve fare la parte del prosciutto. La ragazza protesta, è stanca, pensa di essere stata chiamata per uno spot pubblicitario. Noi tre guardiamo, l'imbarazzo di Cesare e Marco è palpabile. La ragazza comincia a piangere, e io con lei. In un riquadro più piccolo, la telecamera riprende un altro ospite che, divertito, ride sguaiatamente. L'obiettivo era la riuscita dello scherzo: ma qualcuno si era accorto che la ragazza non voleva stare al gioco? Pare di no, o meglio, non è bastato per fermarsi: bisogna condurre a termine la trasmissione secondo la scaletta.

Questa incapacità di certe ragazze di ribellarsi, questa timidezza che ci portiamo dietro perché siamo state educate a essere sottomesse e a sorridere quando ce lo chiedono, mi commuove e insieme mi indigna. L'umiliazione, comunque, non me l'aspettavo. Eravamo partiti con l'idea di dire basta alle donne trattate come oggetti o come eterne bambine; non eravamo pronti allo scherno, alla derisione e alla sopraffazione. È la stessa deriva dei film pornografici, da dove il piacere e la gioia dell'amplesso, la ricerca del godimento, sono scomparsi da un pezzo, lasciando il posto all'umiliazione e alla violenza.

C'è una scena, nel materiale di repertorio visionato, che mi ha colpito particolarmente. Il presentatore, in studio, è in collegamento con una pornostar: lui è in piedi, il pubblico alle spalle, e scherza con lei, che ride distesa in un letto, sotto le coperte, presumibilmente senza vestiti. Lui fa in modo che lei si scopra, cosa che lei puntualmente fa restando a seno nudo. Anche qui il pubblico applaude e ride. Ma di cosa ride?, mi chiedevo. Perché applaude di fronte alla pornostar nuda, alla ragazza-prosciutto, alla ragazzina che si sottopone a un intervento di mastoplastica additiva e poi ritorna in trasmissione per mostrare il risultato ottenuto?

Intanto la regia staccava dal primo piano della pornostar e inquadrava con un campo totale il pubblico festante, il presentatore tronfio: davanti a lui un tavolo di plexiglas, e sotto quel tavolo, accucciata come un cane e sorridente, una ragazza che, anche lei, applaudiva.

Come tutte le donne italiane, mia nonna Bice votò per la prima volta nel 1946. Aveva allora trentasei anni ed era sposata da diciannove. Le sembrò un atto di indipendenza e arditezza forse eccessive e quindi, una volta sulla porta, pronta per recarsi al seggio, si girò verso il nonno che leggeva in poltrona e chiese docilmente: "Cosa devo votare, Oreste?". "Schiave radiose," stigmatizza con definizione sublime Lea Melandri.

Tu mi metti il guinzaglio, io guaisco un po', poi sorrido, perché è così che ti piace, paiono dire agli uomini, dallo schermo, queste ragazze apparentemente addomesticate. È davvero così che vi piace?, vorrei chiedere agli uomini.

La mia adorata nonna non aveva l'animo audace, il nonno era monarchico e, di conseguenza, anche lei. Timida e buona, soffriva di depressioni fortissime. Un'isterica, l'avrebbe definita Freud. Una donna infelice e repressa, dico io, resa incapace di riconoscere i suoi bisogni più elementari, vittima di una società feroce con le donne.

Cosa c'è da ridere, oggi, di fronte a una donna che funge da gambe del tavolo?, chiedevo ai miei due colleghi, chiedevo agli amici al telefono. Cosa c'è che non capisco, perché fa ridere umiliare le donne in diretta? Nessuno mi ha mai veramente risposto, tutti parevano imbarazzati e si trinceravano dietro un vago: "La televisione è così... tu ti fai domande che con la tv non c'entrano".

Notti intere a selezionare immagini, ore in cui ci perdevamo a discutere se fosse meglio questo o quel frame. Mangiavamo mentre lavoravamo, spesso a casa di Cesare. Non abbiamo mai litigato, abbiamo a volte discusso, e condiviso sempre il fine sociale del nostro lavoro.

Interpellavo amici registi. Volevo capire perché non avessero mai pensato a un documentario che raccontasse la televisione e i danni che può procurare: "Se si potesse fermare questa tv, se davvero si potesse cambiare, qualcuno lo avrebbe già fatto, non credi?".

No, non credevo affatto. Dipendeva esattamente dalle stesse ragioni per cui non venivano aperti i finestrini della 94: tendiamo a vedere un divieto anche là dove il divieto non c'è, e a ritenere che la realtà sia immodificabile. Non è così.

L'obiettivo per noi era arrivare alle ragazze e ai ragazzi prima che fosse troppo tardi; prima che, anche per le generazioni a venire, la tv diventi l'unico modello di riferimento.

Bastava guardare, bastava accendere la tv in un momento qualsiasi della giornata per renderci conto della sua portata diseducativa; perché nessuno reagiva più? Perché le donne e gli uomini accettavano in silenzio? La politica dei piccoli passi, pensavo mentre montavamo il documentario. Bisognerà iniziare da eventi minori, proiezioni per pochi durante le quali provare a sensibilizzare, a innalzare il livello di consapevolezza.

Dovevo fare uno sforzo per convincermi che era la decisione giusta: avrei voluto tutto e subito, non sopportavo l'idea di lasciar passare del tempo, significava consegnare altre generazioni al potere seducente della televisione.

C'è una scena in *Kontakthof*, uno spettacolo di teatro danza di Pina Bausch, in cui la protagonista, una donna bella e matura, viene circondata da una decina di uomini che iniziano a toccarla, palparla, strusciarla, alzarla da terra, premerla, tirarla, pizzicarla. Ho voluto da subito, e con assoluta convinzione, inserirla alla fine del documentario perché a mio avviso riassume con arte sublime ciò che vediamo per i ventitré minuti precedenti: il tentativo di cancellare l'identità di noi donne, con l'umiliazione o attraverso tante, troppe richieste. Nella scena non vi è nulla di violento o di volgare. La donna rimane ferma con lo sguardo lontano e un'espressione tra l'assente e l'addolorato.

Quell'immagine era la sintesi della grande capacità di sopportazione delle donne. Nello sforzo della protagonista di restare in piedi sul palco c'era la metafora della lotta passiva di molte donne per restare vive nonostante i soprusi: mi ricordava la Valeria di *Quaderno proibito* di Alba de Céspedes, e l'Antonietta di *Una giornata particolare* di Ettore Scola.

L'attrice barcollava, perdeva una scarpa, veniva strattonata. Lei, senza opporre resistenza, resisteva. C'era tanto del femminile, del nostro vissuto, in quell'immagine! Mi commuoveva la tenacia con cui la donna si opponeva a quelle mani invadenti; le mille mani che la frugavano erano come i quotidiani, la televisione, le riviste, i manifesti che ogni giorno ci violentano, ci insultano, ci umiliano. E noi che stancamente resistiamo. Per quanto tempo ancora?

"Lavoro come libera espressione di sé," diceva Bruno Munari. Nel lavoro aziendale non succede spesso: tante volte avevo confuso l'eccitazione che deriva dal raggiungimento dell'obiettivo con la passione per un'idea, ma sono due stati d'animo molto diversi. Adesso sperimentavo la gioia del fare e del fare insieme. Le immagini orribili di donne umiliate e offese, volgari nella loro proposta ossessiva di cosce, seni, sederi non mi provocavano più dolore, rabbia, disgusto: le stavamo ordinando, abbinando, montando, fino a costruire una struttura narrativa alla quale avremmo dato nuovo significato! Avremmo usato le stesse immagini che ci offendevano per denunciare l'uso denigratorio del corpo delle donne in tv.

In quei giorni nessuno di noi ha mai pensato a un budget; non abbiamo mai considerato un limite aver pianificato quel lavoro senza aver previsto del denaro per finanziare il nostro progetto e per diffonderlo: mi stupivo e gioivo nel ricredermi su comportamenti che per molti anni avevo dato per scontati. Creavamo insieme con un obiettivo etico comune: e tanto ci bastava.

Il danno più grave che emergeva era l'evidente colonizzazione del nostro immaginario. Accade infatti sempre più spesso che tra donne si presti molta più attenzione di prima a seni, bocche, corpi: guardiamo il seno di un'amica, valutiamo la linea della collega, scrutiamo le rughe e gli altri segni di invecchiamento delle altre donne. Dipende, è evidente, dall'aver introiettato il modello maschile: ci guardiamo come riteniamo ci guarderebbe un uomo. Ma come sarebbe il nostro sguardo depurato dalle pressioni dei media?

Sullo schermo entrava in scena Barbara d'Urso. Indossava pantaloni attillati, tacco alto, seno abbondante in vista. Erano le dieci del mattino, a casa un pubblico di donne mature, qualche anziano credo. In un'altra immagine, una modella avanzava sinuosa, mentre camminava si toglieva gli abiti, i gioielli, da ultimo le scarpe. Si intravedeva il suo corpo nudo: la pubblicità di un profumo femminile.

Antonella Clerici, simpatica e solare, mostrava il seno prosperoso alle tante casalinghe che guardano *La prova del cuoco*. Quante donne si sottopongono a un intervento di mastoplastica additiva, mi chiedevo, per un personalissimo e rispettabile desiderio di avere un seno più voluminoso e quante invece sotto la spinta dell'insicurezza che deriva dal non sentirsi adeguate, dal non corrispondere a un modello di bellezza imperante?

Di certo, capivo in quei giorni che guardare la tv è un gesto politico. Guardare la televisione con occhio critico, considerare che è la tv a creare i modelli che poi si affermano nella società, educare i giovani a una visione corretta della tv è assumersi le proprie responsabilità di cittadini. Osservavo le quasi bambine che fungevano da elementi decorativi e pensavo che in molti casi avevano iniziato da piccole a guardare quel tipo di televisione: per loro era quindi logico desiderare di essere sullo schermo. "Se non appari non esisti," pareva essere il diktat imperante.

La Gatta nera aveva stivali di latex, tuta nera di pelle da cui fuoriusciva un seno enorme. Era sdraiata, e quando si alzava la telecamera inquadrava una scollatura vertiginosa che le lasciava scoperte parte delle natiche. La Gatta nera era una valletta di colore, che così vestita tutte le sere allietava i bambini in un quiz per famiglie che andava in onda su Italia 1 dalle 20 alle 21. La osservavo incredula e pensavo a cosa avrebbero detto le mie amiche nordiche se fossero state davanti allo schermo con me.

E immaginai che avrebbero potuto reagire così:

L'Europa

Per il fatto di parlare lingue diverse, l'Europa resta spesso un concetto astratto, un'entità che suggella patti economici ma che lascia, a oggi, usi e costumi intatti.

Ipotizziamo che la lingua italiana fosse parlata correntemente in tutta Europa e che la nostra televisione, privata e pubblica, potesse trasmettere in Olanda, in Svezia, in Francia... dappertutto.

Immaginiamo la mia amica Kristin, norvegese, mentre prepara la cena a Oslo, sono quasi le sette e Ole, suo figlio, nove anni, fa i compiti. Fuori c'è buio e fa freddo, la casa è calda e accogliente. La tv è accesa: di solito a quest'ora vanno in onda dei cartoni animati bellissimi che raccontano di fate e gnometti. Ole cambia canale. I suoi amici gli hanno detto che sul nuovo canale italiano c'è un quiz, *Mercante in fiera*, dove ci sono dei personaggi come la strega di Biancaneve, però senza i vestiti. Improvvisamente, sullo schermo appare la Gatta nera: abiti sado-maso, sguardo torvo, sorriso azzerato. Kristin smette di pulire le aringhe comprate al mattino al mercato sul porto, guarda Ole catturato dallo schermo: chi è quella signora vestita come il Gatto con gli stivali ma che fa anche paura?

Kristin è dapprima sorpresa, poi incredula. Chiama al telefono la sua amica Gudrun: "Ma hai visto cosa c'è in tv? Accendila... ma è incredibile... ma...". Gudrun corre ad accendere e non crede ai suoi occhi: vede la Gatta nera che, truce, porge una busta a un uomo piccolo e di aspetto comune: ma cosa fanno? chi sono?, si chiede. Di solito a quell'ora ci sono solo programmi per bambini e chiaramente quello che passa sullo schermo non lo è. Un porno forse trasmesso da una tv pirata? Gudrun telefona a un'amica giornalista, si informa: no, no è la rete italiana, quella che trasmette da pochi giorni. E poi l'uomo non pare un attore hard, non è erotico, non è seduttivo... ridacchia imba-

razzato. Però lei, la Gatta, ricorda una domina-
trice dei set porno. Forse lui è un masochista?
Gudrun chiama il suo amico Jens, dirigente alla tv
norvegese: "Sì, lo sto guardando anch'io, anzi lo
stiamo guardando tutti. Non sappiamo cosa stia succedendo... noi non c'entriamo, ora qualcuno chia-
merà per capire come mai una trasmissione per adulti, probabilmente di un canale on demand, è entrata nelle frequenze delle trasmissioni italiane. Ti faccio sapere".
Kristin intanto ha spento e si è messa su Skype:
chiama Laura, un'amica italiana: vuole sapere se
anche da loro sta andando in onda quel programma,
crede che ci sia un errore.
Intanto l'ufficio di Jens, alla tv norvegese, è
preso di mira dagli spettatori: in un'ora sono già
arrivate migliaia di telefonate di protesta. "Noi
non c'entriamo. Bisogna capire chi, a livello politico, ha stabilito degli accordi con la tv italiana." Il centralino è in fiamme.
Gudrun è immobile davanti alla tv: la Gatta ora è
distesa, il seno volutamente fuoriesce dalla tuta
in latex nero; la Gatta si gira mostrando una scollatura profondissima. Intorno a lei non ci sono
attori nudi con fruste, bensì bambini e anziani.
Suona il telefono, è Anne, l'amica giornalista di
Gudrun: "Il ministero delle Comunicazioni è nel
caos: sto correndo lì. Pare che il ministro sal-
terà se non si scopre chi aveva stipulato un accordo con gli italiani per dare accesso alle loro
trasmissioni senza alcun controllo preventivo".
Intanto, su Skype, Kristin ascolta incredula la
sua amica italiana: "Sì, la Gatta nera c'è anche
qui, certo. Piace tanto a mio marito, la guardiamo sempre anche con i piccoli".
L'Unione europea è ancora un concetto molto, molto astratto.

Perché non è possibile, semplicemente, avere delle trasmissioni, come in qualsiasi altro stato dell'Unione europea, dove l'intrattenimento non significa l'umiliazione delle donne?

Negli ultimi giorni, quando ormai il documentario stava assumendo la forma che sarebbe divenuta definitiva, con
Cesare e Marco avevamo deciso che sarebbe toccata a me

la responsabilità della stesura del testo da abbinare alle immagini. Fino a quel momento il montato era più o meno un blob, un collage di immagini televisive. Avevo bisogno di stare da sola qualche giorno per esprimere a parole quello che avevamo visto scaturire dalle immagini e che, probabilmente, chi vedeva molta tv non era più in grado di decifrare. L'obiettivo era ambizioso, "farsi ascoltare" in presenza di immagini tanto scioccanti.

Cesare era dubbioso, e così molti amici registi. Le immagini tv a loro avviso erano troppo forti e coinvolgenti per essere spiegate da un testo, le parole ne sarebbero inevitabilmente uscite perdenti. Non ero d'accordo: a mio avviso, dipendeva da quali parole. Se le parole servono a sottolineare l'immagine, quest'ultima ha indubbiamente un maggior potere comunicativo. Le parole però possono tessere una trama, delineare un percorso che conduca lo spettatore a riflettere sul senso di ciò che vede. Avviene allora che le parole acquistano una forza superiore alle immagini.

Seduta al tavolo, lontana dai miei due amici, terminato il lavoro di équipe riguardavo le immagini selezionate e mi chiedevo cosa volevo veramente comunicare, e come.

Era strano pensare di essere all'inizio del 2009 e trovarsi chiusa in casa a scrivere un testo che denunciasse come le donne vengano offese e umiliate in tv: perché succede?, mi chiedevo, ma soprattutto: perché non reagiamo?

Partivo dalla mia esperienza, riflettevo sulla mia vita, sulle donne che mi circondavano.

Immaginavo che le mie parole sarebbero giunte alle ragazze italiane, era a loro che volevo arrivare. Sentivo sulla mia pelle l'umiliazione di essere accucciata sotto un tavolo. Sentivo nella mia carne il sopruso della telecamera che frugava il nostro corpo. Soltanto attraverso la comprensione profonda, e di conseguenza l'assunzione totale della vergogna e del dolore per come eravamo rappresentate, sarebbe stato possibile scrivere un testo per stimolare domande, per educare e finalmente cambiare.

"Perché non vi ribellate?" mi chiedeva sempre più spesso Marco, guardando alternativamente me e lo schermo televisivo.

Perché accettiamo questa umiliazione?, mi chiedevo io.

Ma più di tutto: di che cosa abbiamo paura?

2.

Nuovi occhi per la tv

> I cittadini di una società civilizzata, le persone cioè che si comportano civilmente, non sono il risultato del caso, ma sono il risultato di un processo educativo.
>
> KARL R. POPPER, *Una patente per fare tv*

La televisione come educatrice

L'esperienza maturata attraverso la visione di centinaia di ore di programmazione, gli incontri fatti nel corso delle numerose proiezioni del documentario, i dibattiti e i confronti pubblici ci hanno fatto capire l'urgenza di offrire uno sguardo critico a coloro che guardano molta tv, per renderli spettatori e spettatrici consapevoli e dunque liberi – in particolare, i minori. Aver rallentato, fermato, sezionato il flusso televisivo, abbinando all'immagine la parola che spiega cosa si sta vedendo – così come non si coglie nell'immediatezza della visione e nella brevità dell'inquadratura televisiva –, ha permesso a molti di comprendere fino in fondo il significato delle immagini della tv. Questo metodo, fermare le immagini per spiegarle, nasce dal lavoro del documentario e da decine di incontri con scuole e cittadini. Questo approccio, educare alla tv, ha il suo fondamento nelle teorie di quegli studiosi che hanno trattato di televisione considerandola uno strumento di educazione di massa.

Dopo la realizzazione de *Il Corpo delle Donne*, fin da subito avremmo voluto fare qualcosa per incidere concretamente sull'offerta della televisione. Per prima cosa, abbiamo passato giorni interi tra i libri: quelli che avevamo in casa, poi quelli delle librerie e delle biblioteche che già conoscevamo ma che andavano ripresi. I testi di critica televisiva abbondano, e già lo sapevamo. Centinaia di pagine fitte, che si rifanno soprattutto a filosofi come Jean Baudrillard e Guy Debord, o a sociologi come Raymond Williams. Opere che per l'alto livello culturale e la specificità degli argomenti sono difficilmente comprensibili ai più. Ci siamo resi conto che avremmo dovuto trovare un metodo accessibile a tutti, un metodo che partisse dalle immagini della tv e non dal di fuori, cioè dalla pura riflessione sui concetti. Com'è possibile, ci chiedevamo, criticare e modificare un fenomeno diffuso come la tv con testi che sono comprensibili solo da chi la tv non la guarda, in possesso di una cultura varia e complessa, da chi insomma non è il target della proposta televisiva generalista? No, non era possibile.

Se gli strumenti teorici e analitici esistevano già, cosa serviva dunque per attivare il cambiamento? Serve metterli in campo, quegli strumenti. Serve passare dalla teoria alla pratica. Serve un atteggiamento attivo e non passivo. Serve far rispettare le regole che già esistono. Serve non accettare sempre e comunque il pensiero dominante.

In questo senso è fondamentale essere consapevoli non solo dei propri diritti, ma anche della possibilità che abbiamo tutti di incidere sulla società in cui viviamo, di contribuire alla costruzione di un mondo nuovo. È l'approccio che, prendendo un grande esempio, sta utilizzando Michael Moore nei suoi documentari e che cerchiamo di utilizzare anche noi de *Il Corpo delle Donne*. Nel film *Capitalism: A Love Story*, Michael Moore pone una serie di domande alle quali, con piglio giornalistico, tenta di rispondere andando a intervistare le persone coinvolte nella sua ricerca. Il film parla di corruzione, privilegi, ingiustizia: se agli interrogativi sollevati da questi problemi il regista nordamericano rispondesse con le parole di chi non si assume mai alcuna responsabilità in prima persona – *"Che cosa ci possiamo fare? È così che va il mondo!"* –, non solo non ci sarebbe il documentario, ma non ci sarebbe nemmeno la speranza di lasciare un segno nella nostra vita e in quella della comunità. Invece, Moore va con un sacco di iuta davanti alle banche statunitensi che avevano ottenuto denaro pubblico per il loro risanamento e che invece lo hanno usato per investimenti suicidi e per retribuire con stipendi faraonici i propri (incapaci) dirigenti, e chiede che gli restituiscano i suoi soldi, i soldi di tutti. Chi vuol vedere il mondo come immutabile equiparerà il comportamento di Moore a quello di un pazzo, e altrettanto farà chi teme di infastidire il potere. La verità è che Moore sta semplicemente esercitando il proprio diritto e il proprio potere d'azione, e in questo modo riesce a rappresentare la realtà delle cose oltre le convenzioni. Anche lui apre i finestrini della 94, insomma.

Molti puristi del cinema documentario non considerano Moore un vero documentarista: il suo, sostengono, non è uno sguardo neutro, ma un'indagine svolta da un preciso punto di vista e, nel contempo, anche la proposta di una soluzione. È, insomma, "militante". Spesso, questo appunto è stato mosso anche a noi. Ma, considerato lo stato di emergenza in cui versa la società, come mai per molti è così importante definire con un nome la propria indagine? A nostro avviso, gli strumenti della comunicazione devono adeguarsi alle esigenze della collettività in un preciso momento: stiamo vivendo una fase di gravissima crisi sociale ed economica, foriera di cambiamenti epocali. È importante raccontare, uscire e raccontare la società in mutamento, aiutando gli spettatori a comprendere una realtà che per molti è di difficile interpretazione.

Quando nel 2009 *Il Corpo delle Donne* è entrato nella cinquina dei film in concorso alla prima edizione di *Italiani brava gente* – il festival fiorentino del documentario sulla realtà italiana –, abbiamo sentito di essere nel posto adatto e in piena sintonia con gli intenti del festival e degli altri film in concorso. Sì, perché il fine della rassegna non è trovare buoni film che parlino dell'Italia e dei suoi problemi. Quello che conta è che i film, per come sono stati girati e montati, siano già un'azione concreta di confronto critico con le realtà che raccontano. Non a caso, insieme al nostro documentario c'erano, tra gli altri, i film *Vota Provenzano*, di Salvatore Fronio, e *Alza la testa!*, di Piero Ricca, due lavori che nascevano da un impegno diretto, personale, militante. Nel dare spazio e risalto al cinema impegnato, lo sforzo degli organizzatori è fondamentale. E oggi, in questa società, lo sforzo vale doppio. Un cinema prigioniero delle abitudini che lo portano alla ricerca dell'immagine "giusta" e della storia "originale" si allontana dalla cultura di cui dovrebbe essere espressione e si preclude la narrazione della più coinvolgente delle trame: la realtà presa nel suo svolgersi.

Inoltre, in quanto adulti e dotati dei mezzi culturali adatti, personalmente sentiamo di avere un dovere verso i ragazzi e le ragazze.

Torniamo alla critica della tv. Un testo fondamentale è *Cattiva maestra televisione*: comprende, tra gli altri, il breve saggio *Una patente per fare tv*, che il filosofo Karl R. Popper scrisse poco prima di morire, nel 1993. Popper affronta qui il rapporto tra la televisione e i bambini partendo da una duplice constatazione: la tv è entrata a far parte della quotidianità e per questo è divenuta una fonte di apprendimento e di educazione per i più giovani; ma la lettura del mondo che offre è distorta e fortemente connotata dalla violenza. Motivo per il quale, secondo il pensatore austriaco, stiamo allevando nuove generazioni dalle fondamenta pericolosamente fragili. Il problema educativo è dunque centrale nel discorso sulla televisione. Ed ecco il punto alla base del nostro lavoro: a oggi, la tv è uno dei principali mezzi educativi a cui hanno accesso le nuove generazioni, e il più diffuso tra i bambini piccoli. Ogni discorso relativo al suo contenuto, al suo linguaggio, alla giurisdizione che la riguarda, non può non tener conto di questo dato di fatto.

Solitamente, l'educazione è data dalla scuola e dalla famiglia. Ma queste due istituzioni versano in una crisi profonda e di conseguenza lo spazio lasciato all'azione didattica della tv è ampio. La famiglia è un ambito nel quale i membri devono poter agire liberamente, secondo scelte determinate dagli stimoli provenienti dall'esterno, dal passato, dalla cultura. La scuola è invece, per definizione, il luogo in cui una società prepara i propri membri più giovani alla vita civile che li attende. Ma la scuola in Italia soffre per la mancanza di risorse economiche e per la disputa politica della quale è terreno da molti anni. Gli insegnanti cercano di utilizzare al meglio i pochi mezzi a disposizione, intanto però è la televisione che ogni giorno insegna a un gran numero di bambini e ragazzi a stare al mondo: propaga stereotipi di genere e consolida un modello di convivenza basato su una visione conservatrice e consumistica della vita. Per fortuna, la televisione può essere migliorata in tempi brevi e agendo da più parti della società, senza perdere tempo ad ascoltare chi ripete che "la televisione è così". No, la televisione non è così. La sua forma e il suo linguaggio non derivano dalla sua natura intrinseca, sono semplicemente il risultato delle condizioni economiche, politiche e culturali in cui si è sviluppata. Possiamo avere la televisione che riteniamo migliore, oppure tenerci questa. Come possiamo farci del male, oppure cercare di star meglio. Dipende da noi. Tutti.

Servono leggi che stiano dalla parte dei consumatori e non solo del mercato, e bisogna che il mercato, in quanto tale, sia realmente aperto alla concorrenza. È necessario anche che i cittadini proteggano i loro interessi: ma devono innanzitutto conoscere i propri diritti, solo così possono protestare contro ciò che li riduce a pura merce e far sentire la loro voce; e divulgare una cultura televisiva nuova, differente.

Scrive Karl Popper: "Che cosa significa insegnare? Significa influenzare il loro [dei bambini, *N.d.A.*] ambiente in modo che possano prepararsi per i loro futuri compiti: il compito di diventare cittadini [...]. Il punto è che la televisione è parte dell'ambiente dei bambini e una parte per la quale noi siamo ovviamente responsabili, perché si tratta di una parte dell'ambiente fatta dall'uomo".[2]

Una delle obiezioni più frequenti alla funzione educativa della televisione è che la tv risponde a una precisa richiesta del pubblico. Una frase che lo stesso Popper si è sentito dire dal responsabile di una tv tedesca: "Dobbiamo offrire alla gente quello che la gente vuole". La replica di Popper è lucida e significativa: "Come se si potesse sapere quello che la gente vuole dalle statistiche sugli ascolti delle trasmissioni. Quello che possiamo ricavare da lì sono soltanto indicazioni circa le preferenze tra le produzioni che sono state offerte".[3] Quindi, la questione sulla presunta antidemocraticità di qualsiasi normativa che indirizzi la tv in senso etico ed educativo viene liquidata come non pertinente dal filosofo che è stato, è bene ricordarlo, il simbolo stesso della democrazia nel Novecento e che ha teorizzato la società aperta: "Non c'è nulla nella democrazia che giustifichi la tesi di quel capo della tv, se-

[2] Karl Popper, *Cattiva maestra televisione*, Marsilio, Venezia 2002.
[3] Ivi.

condo il quale il fatto di offrire trasmissioni a livelli sempre peggiori dal punto di vista educativo corrispondeva ai princìpi della democrazia 'perché la gente lo vuole' [...]. Al contrario, la democrazia ha sempre inteso far crescere il livello dell'educazione; è, questa, una sua vecchia, tradizionale aspirazione".[4]

Per risolvere il problema, Popper propone di istituire una patente, un corso di formazione, per tutti coloro che si apprestano a lavorare in televisione, in modo che siano preparati al delicato compito che li aspetta: educare larghi strati della popolazione. Non vuole alcuna censura Popper, la trova inutile applicata alla tv, oltre che un male in sé. Ma, non diversamente da quello che si fa per i medici, pensa che sia folle affidare un ruolo così delicato a chi non ha una preparazione specifica: "Uno degli scopi principali del corso sarà quello di insegnare a colui che si candida a produrre televisione che di fatto, gli piaccia o no, sarà coinvolto nella educazione di massa, in un tipo di educazione che è terribilmente potente e importante. Di questo si dovranno rendere conto, volenti o nolenti, tutti coloro che sono coinvolti dal fare televisione: agiscono come educatori perché la televisione porta le sue immagini sia davanti ai bambini e ai giovani che agli adulti. Chi fa televisione deve sapere di avere parte nella educazione degli uni e degli altri".[5]

Considerando la situazione politica e culturale italiana relativamente al rapporto tra televisione e società, pensiamo che al momento in Italia la messa in atto della proposta di Popper sia impraticabile. Così riteniamo che l'educazione alla televisione debba arrivare ai più giovani attraverso il tradizionale canale della scuola. Dunque, agli insegnanti bisogna fornire strumenti che li mettano in condizione di spiegare la televisione ai ragazzi, per aiutarli a crescere come spettatori consapevoli e più difficilmente manipolabili. Finché l'educazione ai media non diventerà materia scolastica.

[4] Ivi.
[5] Ivi.

Spiegare la televisione

> L'immagine deve essere spiegata; e la spie-
> gazione che ne viene data sul video è co-
> stitutivamente insufficiente.
>
> GIOVANNI SARTORI, *Homo videns*

Un altro saggio a nostro parere illuminante è quello di Giovanni Sartori, *Homo videns*, che chiarisce in modo dettagliato perché la tv sia una pessima educatrice, concentrando il discorso sul fatto che le immagini in movimento non sono in grado di comunicare integralmente il messaggio loro affidato. Secondo Sartori, la televisione sta operando una vera trasformazione antropologica della nostra specie: da *Homo sapiens*, caratterizzato dalla capacità di creare e comprendere concetti astratti, a *Homo videns*, capace solo di conoscenza percettiva e dunque individuo infinitamente più povero: "L'immagine non dà, di per sé, quasi nessuna intelligibilità. L'immagine deve essere spiegata; e la spiegazione che ne viene data sul video è costitutivamente insufficiente. Se in futuro verrà in essere una televisione che spiegherà meglio (molto meglio), allora il discorso su una integrazione positiva tra homo sapiens e homo videns si potrà riaprire".[6] Le immagini della tv, da sole, sono sfuggenti e infedeli, non riescono a dar conto della realtà e tendono a uniformare il pensiero degli spettatori. Questo perché non arrivano a spiegare la complessità dei concetti, in quanto astratti, ma si fermano alla dimensione sensibile degli oggetti. Devono dunque essere spiegate, sostiene Sartori, restituendo spazio alla parola e al pensiero: "La televisione produce immagini e cancella i concetti; ma così atrofizza la nostra capacità astraente e con essa tutta la nostra capacità di capire".[7]

La sua analisi è dedicata all'informazione in tv, ma secondo noi può essere allargata ai programmi televisivi nel loro complesso: se nell'informazione sullo schermo l'immagine non è sufficiente a trasmettere contenuti comples-

---

[6] Giovanni Sartori, *Homo videns*, Laterza, Roma-Bari 1997.
[7] Ivi.

si, nell'intrattenimento diventa veicolo di alienazione e mercificazione. In entrambi i casi, per impedire che la comunicazione si trasformi in un inganno per lo spettatore è necessaria una spiegazione di ciò che vediamo: "La televisione può mentire, e falsare la verità, esattamente come qualsiasi altro strumento di comunicazione. La differenza è che la 'forza di veridicità' insita nell'immagine ne rende la menzogna più efficace e quindi più pericolosa".[8]

Una televisione di qualità può essere fatta, è ovvio, soltanto dalle emittenti stesse. Ma, data la situazione di degrado della tv, la spinta al cambiamento può partire anche dalla critica, esterna, ai programmi che vengono trasmessi. Saper vedere quanto ci viene proposto sullo schermo, conoscere il linguaggio della televisione per riuscire a svelarlo quando si fa ingannevole, diventare spettatori consapevoli: sono questi i presupposti indispensabili per essere soggetti e non oggetti della comunicazione.

Siamo convinti che educare alla visione della tv conduca alla creazione di uno spettatore esigente, e di conseguenza alla richiesta di un servizio di qualità a chi produce televisione: dare gli strumenti per capire cosa ci sta davanti significa dare anche la possibilità di desiderare una televisione migliore, più vera, più avvincente, più educativa.

Con un'analisi dell'immagine, del linguaggio, dei personaggi e delle dinamiche relazionali proposte dalla tv si possono mettere a nudo i meccanismi deteriori di certi programmi e permettere così a chi guarda di prenderne coscienza. Fermando le immagini e analizzandole, squarciando il velo di abitudine che abbiamo davanti agli occhi, abbiamo constatato che le persone – in particolare i bambini – si rendono finalmente conto di ciò che vedono e del messaggio che viene loro proposto. È successo e succede con la visione del documentario; ce ne siamo accorti con gli esperimenti tenuti sul blog, in cui analizziamo e "spogliamo" brevi sequenze tv facendone emergere il reale contenuto.

Spiegare la tv durante la visione è molto più difficile per via dei continui e differenti stimoli che invitano a seguire suoni e immagini senza il necessario spazio di riflessione.

[8] Ivi.

Quello da compiere è un lavoro di destrutturazione dell'immagine che permetta ai ragazzi di cogliere i messaggi nascosti dalla velocità di trasmissione. Una volta acquisita, l'abitudine a riflettere su ciò che si vede rimane e induce poi nello spettatore una capacità critica che difficilmente può svilupparsi in chi sta passivamente davanti allo schermo fin da bambino – fatte salve particolari condizioni di privilegio culturale che non sono appannaggio di tutte le famiglie.

Sarebbe quindi utile fornire agli insegnanti e agli educatori le competenze teoriche, tecniche e didattiche per insegnare ai loro alunni come guardare in modo critico la televisione, come possono diventarne padroni anziché schiavi.

In questi mesi di ricerca, e di incontro e dibattito con la gente, abbiamo avuto la conferma che chi sarebbe in grado di criticare la televisione ha smesso di guardarla, o la guarda distrattamente. Del resto, lo si evince anche dalle mail che arrivano al blog.

Spesso, invece, chi guarda tanta tv non ha i mezzi per interpretarne i messaggi. La discussione sulla problematica realtà della televisione italiana è un confronto che solitamente si esaurisce in cerchie di iniziati e dotti. Ma dato che gli effetti della cultura televisiva così come si sta propagando, e in particolar modo per quanto riguarda la libertà e il rispetto delle donne, costituiscono un problema sempre più evidente e pressante, riteniamo doveroso cercare di arrivare a chi quella cultura l'ha fatta propria o l'accetta passivamente. O a chi, come nel caso dei bambini, è ancora in grado – se opportunamente condotto – di sottrarvisi.

Quindi, che fare? Continuare a raccontarci le cose tra di noi? Molti, sinceramente indignati dallo stato delle cose, spesso ci dicono che quello della tv è comunque un falso problema. Basta spegnerla, sostengono, e non ci danneggerà; e di fronte al calo dell'ascolto la qualità dei programmi migliorerà automaticamente. Ma non tutti sanno che spegnendo la tv abbassiamo l'ascolto *solo se siamo una famiglia Auditel*; e, dato che la tv concorre con un certo peso alla costruzione dell'opinione pubblica, che gli effetti negativi di una cultura distorta e violenta come quella televisiva danneggiano comunque tutti nel momento in cui vengono assimilati da larghi strati di popolazione.

Oggi, è accendendo la tv, guardando la tv, *questa* tv, e guardandola insieme, che facciamo qualcosa di potenzialmente rivoluzionario. È solo così che possiamo condividere la nostra critica con quanti guardano abitualmente la televisione e fornire loro gli strumenti necessari a una percezione corretta.

Riteniamo valida ancora oggi la proposta fatta da Popper, ma siamo coscienti che, al momento, in Italia non rappresenta una strada percorribile. Pressati da un problema culturale grave come quello della nostra tv pubblica e privata, abbiamo individuato una via che possa far leva sull'impegno tanto degli individui quanto delle istituzioni, senza dover aspettare che il sistema televisivo sia cambiato dall'interno. Formando gli insegnanti delle scuole medie inferiori e superiori e mettendoli in grado di "spiegare" la tv ai loro alunni, possiamo innescare un effetto domino che ha come esito finale una nuova generazione di spettatori della tv, coscienti ed esigenti. Un vero pubblico, non più una massa di fruitori passivi di fronte all'offerta, e in grado di determinare l'offerta stessa attraverso la consapevolezza del proprio gusto e dei propri diritti.

I professori sono i soggetti più indicati perché già preparati a mettersi in relazione con i ragazzi, che incontrano giornalmente e che imparano così a conoscere anche oltre l'aspetto della trasmissione del sapere. Insegnando ai professori la decodifica televisiva si possono raggiungere indirettamente tantissimi giovani, e si convogliano all'interno della scuola stessa un sapere e una metodologia che riteniamo necessari per lo sviluppo dei cittadini di una società ormai pienamente fondata sull'informazione visiva. Inoltre, la scelta di affidare agli insegnanti l'educazione alle immagini è motivata dal fatto che il rapporto di familiarità e fiducia che instaurano con gli studenti nella normale convivenza scolastica costituisce una base importante da cui partire; se i corsi di formazione fossero rivolti direttamente ai ragazzi, non la si potrebbe sfruttare – non fosse altro, a causa del lasso di tempo limitato nel quale si svolgono.

L'interazione con la scuola rappresenta inoltre un contributo che si può portare dall'esterno per integrare i programmi didattici, programmi che a oggi non prevedono alcun insegnamento specifico sulla comunicazione audiovisiva. Una lacuna grave in un mondo che a questa comunicazione ha affidato alcuni compiti fondamentali, tra i quali, ribadiamolo, la costruzione dell'opinione pubblica. Non dare le chiavi per decifrarla appieno vuol dire limitare l'autonomia dei singoli e permettere la concentrazione del potere mediatico in gruppi ristretti.

"**Educare**: dal latino *educere*; composto della particella 'e', *da*, *di*, *fuori* e 'ducere', *condurre*, *trarre*. Aiutare con opportuna disciplina a mettere in atto, a svolgere le buone inclinazioni dell'animo e le potenze della mente, e a combattere le inclinazioni non buone."

Educare. Un verbo al quale teniamo molto, e alcuni aspetti del quale devono essere chiariti. Sul fatto che l'educazione sia importante e costituisca un diritto sono tutti d'accordo, almeno in linea di principio. Ma l'educazione dovrebbe acquisire una propria fisionomia, dovrebbe diventare un programma concreto, senza il quale resterebbe solo parola astratta. I giovani hanno diritto a una formazione che sia propulsore e non ostacolo alla loro realizzazione in quanto individui, secondo il carattere e le peculiarità di ciascuno. Questo significa fornirli di strumenti intellettuali ed esperienziali che li mettano in condizioni di comprendere la natura e il messaggio recondito della comunicazione di cui sono oggetto in quanto cittadini di una società che, lo abbiamo detto, fonda la gestione e la distribuzione del potere sull'informazione visiva.

"Non c'è nessuna analogia tra la competizione fra televisioni – che è una competizione distorta – e la genuina competizione di mercato. La competizione di mercato si fonda su tre elementi: *a*) costo-prezzo, *b*) qualità del prodotto, *c*) rapporto prezzo-qualità. E l'interazione tra questi elementi si risolve a beneficio del consumatore."[9] Ma "sul cosiddetto mercato televisivo non c'è il prezzo o, più esattamente, non c'è un consumatore che sceglie e paga i prodotti rapportando la loro qualità al loro prezzo. In televisione i prodotti per i quali si forma un vero prezzo di mercato non sono i programmi: sono gli spazi pubblicitari. Vale a dire, i programmi televisivi servono alla televisione per

[9] Ivi.

assemblare pacchetti di spettatori che sono a loro volta i potenziali clienti da vendere alle imprese. I veri consumatori 'paganti' – quindi con effettivo potere di scelta e contrattazione – del mercato televisivo non sono dunque gli spettatori: sono le imprese che ne comprano l'attenzione con la loro pubblicità. Dal che risulta che qui abbiamo processi competitivi perversi che non avvantaggiano in nessun modo il consumatore. E che per di più livellano e abbassano la qualità dell'offerta".[10] Queste parole di Giovanni Sartori spiegano bene come chi sostiene che anche il sistema televisivo è un mercato come gli altri e che, se lasciato libero secondo la domanda e l'offerta, si regolerà da solo secondo il meglio per il consumatore grazie alla concorrenza, non tiene conto – a nostro parere – delle evidenti peculiarità di questo particolare mercato. Se il "mercato" televisivo dunque propone, tra le altre cose, un'immagine umiliante per le donne, vuol dire che è questo che il pubblico "consumatore" vuole, pubblico femminile compreso? È accettabile, per la comunità dei cittadini? Oggi, molto più che in passato, la *rappresentazione* di un gruppo sociale determina l'idea che di quel gruppo sociale si fa un ampio strato di individui, coloro che fondano soprattutto sui media la propria conoscenza del mondo. E le idee determinano i comportamenti. Se anche fosse la maggior parte del pubblico a voler vedere donne rese oggetti in tv, ciò corrisponderebbe comunque a un sopruso, non a una libertà. Per tornare ancora una volta a Popper, parlando di libertà, "il limite al mio pugno è il tuo naso".

Fermare il flusso

Oggi, la televisione è caratterizzata da due elementi principali.

Innanzitutto, la *pubblicità*. La sua presenza massiccia determina ogni aspetto della programmazione:

– *il linguaggio* Quello degli spot è il più accattivante e potente dal punto di vista della grammatica televisiva, perché non diverso dal linguaggio del cinema;

[10] Ivi.

– *la forma* Canali e programmi possono vivere e operare solo grazie agli introiti pubblicitari (questo vale anche per la Rai, l'introito del canone copre infatti soltanto una parte del budget necessario) e di conseguenza vengono strutturati per lasciare ampio spazio alle inserzioni, alle televendite, alle sponsorizzazioni;

– *il contenuto* Dovendo arrivare alla più ampia audience possibile, si trattano quasi esclusivamente argomenti e personaggi che si ritengono, almeno sulla base dei dati d'ascolto disponibili, i più affidabili allo scopo.

L'altro elemento caratterizzante è *l'imitazione della quotidianità*. Questo avviene a livello di organizzazione del palinsesto, di generi televisivi e di stile di messa in scena. Ma, essendo in realtà un'imitazione artificiosa, che tende a riprodurre modelli più che a ricercare la realtà, si finisce per rappresentare un universo affetto da una distorsione di fondo.

Unendosi nella programmazione ininterrotta e multicanale della tv generalista, questi due elementi producono un flusso continuo, che viene percepito dal pubblico come una rappresentazione del mondo. Si produce così una "autorevolezza" che è invece il risultato dell'abitudine alla visione televisiva. E in questo flusso passano messaggi spesso deteriori, perché giustificati solo da una visione del mondo artefatta (finta quotidianità) e mercificata (pubblicità).

Ecco allora che per individuare e decifrare questi messaggi negativi è necessario fermare il flusso, rendere immobili le immagini in movimento per evidenziarne le contraddizioni: che a volte emergono da sole e altre volte hanno bisogno della spiegazione della parola. Naturalmente, anche le parole pronunciate in televisione con noncuranza hanno bisogno, in alcuni casi, di essere ripetute e meditate con attenzione. Fermare le immagini, dunque, per arrestare il flusso. Riflettere su ciò che si vede e collegarlo alla realtà. È questa l'operazione alla base della destrutturazione della comunicazione televisiva che proponiamo nei nostri percorsi.

Percorsi di analisi della tv: esempi

La soluzione migliore per analizzare le immagini in movimento è scomporre questo movimento in una serie di fotogrammi: oltre a comunicarci comunque lo svolgimento della scena, essi ne sottolineano alcuni aspetti di forte significato che a volte rimangono celati nello svolgersi dell'azione. È lo stesso metodo usato dai manuali che trattano cinema o televisione a livello didattico (montaggio, regia ecc.), perché permette un'analisi approfondita delle dinamiche interne ed esterne dell'inquadratura. Le sequenze di fotogrammi sono accompagnate da didascalie più o meno lunghe, che servono sia a raccontare ciò che avviene, sia a spiegarlo. I brani presi in esame sono così prima riassunti e raccontati al lettore e poi analizzati nei dettagli.

Con queste analisi non vogliamo proporre una sintesi del peggio passato in tv, impresa che non ci interessa e che sarebbe in ogni caso ardua. Così come non intendiamo esprimere un giudizio su conduttori, ospiti o pubblico in studio. Si tratta semplicemente di esempi che illustrano, prendendo in esame alcuni brani televisivi portatori di un messaggio che riteniamo negativo per chi guarda, una tecnica di spiegazione e destrutturazione del contenuto della comunicazione televisiva finalizzata alla consapevolezza.

I percorsi che seguono possono essere utilizzati a scopo didattico. Costituiscono un modello di base per creare nuovi percorsi educativi partendo dai programmi tv che normalmente guardiamo.

Programma: *Domenica in Salute*
Rete: Rai Uno
Data: 19 aprile 2009

Domenica in Salute è uno dei segmenti che costituiscono il programma *Domenica in*, storico contenitore domenicale di Rai Uno. Ogni segmento tratta un'area tematica di interesse diffuso: attualità, spettacolo, costume e medicina, appunto.

Nella puntata che prendiamo in considerazione, tra i vari argomenti riguardanti la salute c'è la chirurgia estetica additiva al seno. In studio, una giovanissima che – ci viene ricordato – aveva esposto il suo "problema" in una puntata precedente e che adesso è tornata per mostrare il risultato dell'operazione.

La presentatrice tiene stretta a sé la ragazza, cingendola con un braccio, in una modalità che appare materna e affettuosa. Notiamo anche i continui sguardi al seno della ragazza, sottolineati dal gesto della mano sinistra, e il suo ricordare al pubblico che oggi il seno rifatto è *"talmente indispensabile che sempre più si ricorre a questo tipo di intervento"*.

È stato invitato a illustrare i dettagli dell'intervento anche il medico che l'ha effettuato, peraltro abituale ospite dei programmi Rai quando si parla di chirurgia estetica. Oltre alla sua oratoria, ha a disposizione una lavagna a fogli di carta e alcune protesi di silicone che maneggia con noncuranza, uguali a quelle inserite nel corpo della ragazza.

L'esplicita richiesta alla regia di inquadrare il seno rifatto dell'ospite dall'alto, i controcampi del pubblico, ancora gli sguardi della conduttrice, danno alla sequenza una dimensione voyeuristico-pubblicitaria. L'individuo viene assimilato a un prodotto. Segue una descrizione tecnica dell'intervento.

Passando all'analisi della sequenza, la prima cosa da notare è la presenza di due adulti maturi che discutono intorno alle modificazioni del corpo di una ragazza molto giovane. Le figure solitamente "di riferimento", quindi gli adulti, utilizzano la ragazza come oggetto.

Si evidenzia l'attrattiva del prodotto in vendita: una protesi mammaria. Il medico la tiene sul palmo della mano manipolandola e mostrandola agli spettatori. Notiamo che si sta parlando di un'operazione chirurgica. La situazione è quasi surreale.

La donna adulta fa riferimento alla dimensione del seno della ragazza prima dell'operazione, definendolo "meno di una coppa di champagne", dimensione non sufficiente ma che "comunque ti ha consentito di avere un fidanzato". Sembra chiaramente che qui si stia passando il messaggio che un fisico non rispondente ai diktat del mercato può compromettere la possibilità di stabilire una relazione d'amore.

Si fa riferimento a un "prima" e a un "dopo". Questa è una tecnica di marketing molto efficace, usata spesso in pubblicità. Ma non è eticamente accettabile se l'oggetto in questione è un essere umano all'interno di una trasmissione il cui argomento è la salute.

Qui la presentatrice guarda allusiva e compiaciuta il seno della ragazza: si percepisce approvazione da parte della donna adulta per i risultati ottenuti.

La donna adulta fa riferimento alla decisione della ragazza di operarsi al seno dicendo: "La tua è un'età in cui uno decide della propria vita".

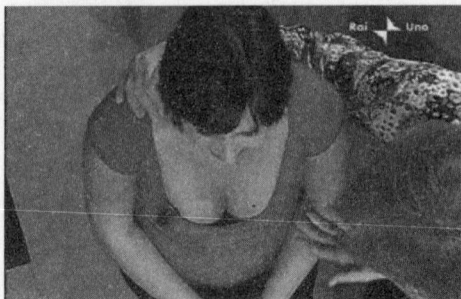

La presentatrice chiede alla regia una ripresa dall'alto dei seni operati.

Qui il medico assicura che si tratta di chirurgia seria.

Il pubblico applaude. Domandarsi cosa applaude:
la riuscita dell'operazione?
la professionalità del medico?
la protesi?

Programma: *Celebrity bisturi*
Rete: Italia 1
Data: ogni lunedì alle 21.10 dal 10 al 31 agosto 2009

Celebrity bisturi è un reality show (registrato, dunque non in diretta e senza interazione con il pubblico) andato in onda sulla tv privata tedesca RTL e riproposto a qualche mese di distanza da Italia 1, doppiato e con alcuni inserti in studio condotti da Elisabetta Gregoraci, giovane soubrette di recente notorietà.

Il tema del programma è la chirurgia estetica. Brigitte Nielsen, attrice danese molto famosa in Italia negli anni ottanta, si sottopone davanti alle telecamere a molteplici interventi per "tornare come prima" e perché "non si sopporta più così grassa".

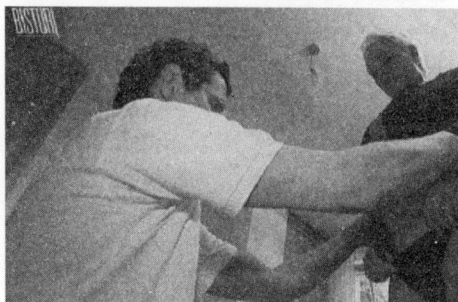

In questa immagine il medico chirurgo che la opererà prende visione del problema.
"Ne ha proprio bisogno," dice.
"Non posso negarlo," risponde la paziente. Chiediamoci la reazione che suscita nelle spettatrici a casa questa dichiarazione da parte di un medico. È giusto che un chirurgo parli di "bisogno" riferito a un intervento estetico?

Il chirurgo afferra la pancia della paziente. "Dobbiamo operare in questa zona: è una situazione di emergenza."
Cosa suscita in noi questa immagine? È corretto mostrare due mani maschili, appartenenti a un chirurgo, che in prima serata afferrano la pancia di una paziente? Chiediamoci a cosa si pensa, solitamente, quando un medico si riferisce a una "situazione di emergenza". Riflettiamo sulla sua frase: definire qualche chilo in più una

situazione di emergenza può condurre le spettatrici a ritenere di essere anche loro "in emergenza".

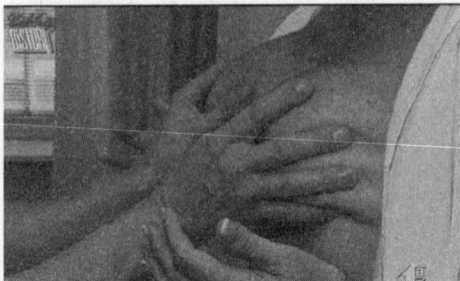

Il medico soppesa il seno da operare, già operato in passato.
Qui la donna appare come un oggetto migliorabile.
Il medico dice: "Oggi con un seno con protesi vecchie e un aspetto così, non avrai mai successo, non farai mai i soldi". Domanda: è corretto collegare la dimensione del seno all'avere successo e al guadagno? Chiedersi anche se esiste una correlazione tra l'aumento degli interventi chirurgici di mastoplastica additiva e questo tipo di trasmissioni.

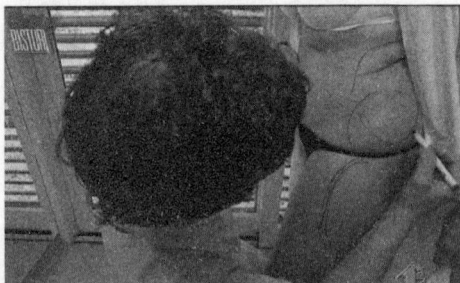

Il chirurgo continua: "Star bene con se stessi è molto importante, poi vengono l'amore e poi la famiglia. Tutto il resto non conta". Ma star bene con se stessi dipende solo dall'estetica del corpo?
Il medico disegna i punti di grasso da eliminare: qui il corpo della paziente è disumanizzato, pare un oggetto da riplasmare. Notiamo come possa essere simbolicamente negativo guardare un medico uomo che definisce le "migliorie" da apportare a un corpo femminile.

Programma: *Matrix*
Rete: Canale 5
Data: 24 giugno 2009
Matrix è la trasmissione di approfondimento dell'attualità di Canale 5. Va in onda alle 23 circa.

Il titolo della puntata in questione è: *Fatte e disfatte*. Non ci si riferisce a delle valigie, ma a corpi umani di sesso femminile. Vicino al titolo vediamo il ritratto di Jessica Rabbit, personaggio caricatura del film *Chi ha incastrato Roger Rabbit?*

Partecipano al programma due uomini (il conduttore, giornalista ed ex corrispondente della Cnn, e un medico) e tre donne. Come prima cosa, chiediamoci se è giusto che siano spesso gli uomini a disquisire sull'avvenenza dei corpi femminili.

Le tre donne appartengono al mondo della televisione e tutte e tre si sono sottoposte a interventi di chirurgia estetica.

Durante il programma, ecco una situazione che definiremmo "alla *Pulp Fiction*": su un tavolo sono in bella mostra numerosi protesi di seni, zigomi, labbra, di diverse misure. La situazione è surreale: questa immagine televisiva arriva in milioni di case, e i due uomini disquisiscono sui diversi materiali come se si trattasse ricambi per auto.

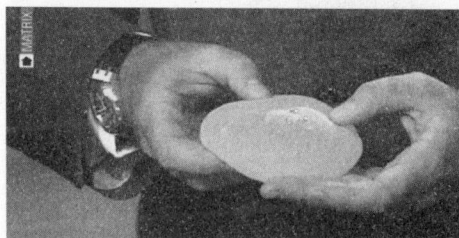

Il medico chirurgo qui ha in mano una protesi "di nuova tecnologia".

Qui quattro mani maschili maneggiano due protesi di consistenza diversa: qual è lo scopo di questa immagine? Far capire qual è la consistenza preferita dagli uomini? Notare come questa sia una tecnica di marketing usata per vendere gli ammorbidenti che rendono gli indumenti più soffici. In pubblicità viene spesso utilizzata come "la prova del tatto", decisiva per l'acquisto del prodotto.

Il medico poi avverte che è necessario "fare un tagliando" ogni tanto per verificare lo stato delle protesi.

Il presentatore chiede ogni quanto una donna debba fare questo tagliando.

Qui il linguaggio è quello normalmente utilizzato per un prodotto industriale. Quale d'altra parte è una protesi in silicone.

Ricordiamo anche che si sta parlando di esseri umani di sesso diverso da quello dei due presentatori.

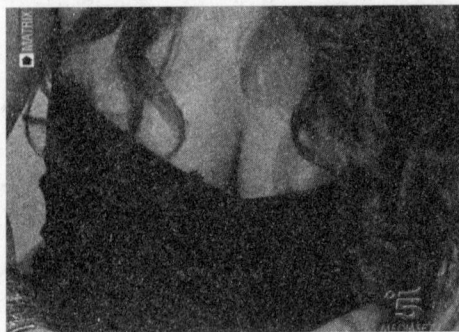

La telecamera inquadra la sacca di silicone sul tavolo e poi il décolleté dell'ospite, sfruttando appieno la più semplice ed efficace delle operazioni del montaggio audiovisivo: l'accostamento, al fine di creare una relazione tra gli elementi inquadrati.

Chiedersi se è corretto usare qui la tecnica del "prima" e "dopo" normalmente utilizzata per prodotti di largo consumo.

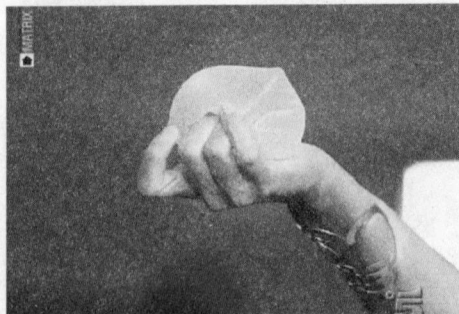

Un'altra ospite verifica la consistenza di una protesi mammaria che, si garantisce, "permette comunque l'allattamento".

Il pubblico applaude. Anche questa volta, è utile chiedersi cosa applaude il pubblico: la protesi? L'efficacia del silicone? I due uomini?

Programma: *La vita in diretta*
Rete: Rai Uno
Data: 7 maggio 2009

La vita in diretta è il "contenitore" pomeridiano della prima rete Rai. È presentato da un giornalista di esperienza, in passato conduttore dei due più importanti telegiornali della tv italiana, sia in Mediaset, sia in Rai.

In questa puntata, si parla di come uomini e donne vivano diversamente i cosiddetti "anni d'argento". Oltre al conduttore, in studio ci sono cinque ospiti, di cui un solo uomo.

Un'attrice, quasi cinquantenne, introduce il suo punto di vista rivolgendosi all'ospite uomo: "Tu hai un privilegio. È che sei un maschio".

Chiedersi se è giusto mandare in onda una dichiarazione del genere senza che il conduttore o altri intervengano a contestualizzarla. Chiedersi chi c'è davanti allo schermo a quell'ora. Domandarsi che effetto fa questa dichiarazione se si è una bambina. O una giovane donna.

Domandarsi che effetto fa questa dichiarazione se si è un bambino.

Ricordarsi che per molti la tv è uno strumento di educazione.

L'attrice continua: "Gli uomini sono belli sempre. Di te non diranno mai che sei un ex bell'uomo, di me dicono 'una ex bella donna'". Osservare l'uomo a cui l'attrice si sta rivolgendo.

Domandarsi se nel 2009 sarebbe tempo di proporre un modello di donna meno succube di vecchi luoghi comuni.

Programma: *L'Italia sul Due*
Rete: Rai Due
Data: 24 settembre 2009

L'Italia sul Due è un programma pomeridiano di Rai Due, va in onda tutti i giorni dalle 14.45 alle 16.15.

I due conduttori, un uomo e una donna, parlano della paura di invecchiare.

Il presentatore dichiara felice: "Quando una donna ha paura di invecchiare magari ricorre al chirurgo estetico, un uomo si infila un jeans e una camicia bianca e si sente vent'anni di meno".

Chiedersi se sia vero ciò che dice il presentatore.

Si potrebbe pensare di utilizzare la tv per proporre modelli reali che già esistono nella società italiana, come quello di numerosissime donne che invecchiano bene, prendendosi cura di sé senza ricorrere agli interventi chirurgici.

La giovane presentatrice risponde: "Ah, ah, è così infatti, ah ah!".

Rileggere la ricerca del 2006 del Censis sui ruoli della donna nella tv italiana. Ipotizzare che una presentatrice adulta, anziché fungere da eco, potrebbe ad esempio rispondere: "Ci sono anche molte donne, che invecchiano bene con jeans e camicia bianca".

Programma: *I fatti vostri*
Rete: Rai Due
Data: 23 settembre 2009

I fatti vostri è il programma della tarda mattinata di Rai Due, la "cerniera" tra l'informazione del mattino e quella dell'ora di pranzo del Tg2.

In questa puntata sono presenti tre donne, tra i quaranta e i sessant'anni, vincitrici in sezioni diverse di titoli di Miss Chirurgia estetica 2009.

Il presentatore dichiara: "Queste sono operazioni mirate e servono a restituire l'autostima, che per una donna è importante. Vi restituisce la fiducia in voi stesse".

Chiedersi se sia giusto che l'autostima sia ritenuta importante solo per le donne.

Dubitare che la chirurgia estetica possa restituire l'autostima.

Interviste, servizi e inviti alle vincitrici di Miss Chirurgia estetica continuano anche nei giorni e nelle settimane successive (ad esempio, in *Pomeriggio 5* del 25 settembre 2009, da cui sono tratti il secondo e il terzo fotogramma, e in *La vita in diretta* del 19 ottobre 2009). Il ricorso alla chirurgia estetica viene proposto come "nuova frontiera della bellezza". L'unico requisito a cui risponde questa ampia diffusione della notizia sulla tv pubblica è la stravaganza. Chiedersi se sia un criterio sufficiente.

Miss Lipofilling è contenta perché il chirurgo le ha "plasmato il volto come plasmasse una statua". Tra le altre concorrenti, Miss Vaginoplastica, Miss Silicone, Miss Rinoplastica, Miss Blefaroplastica, Miss Peeling chirurgico ecc.

Una donna che si è rifatta il seno dichiara di aver deciso l'intervento dopo la separazione dal marito: le era crollata l'autostima. Il presentatore commenta: "Eh, se faceva prima l'intervento magari suo marito non se ne andava".

Chiedersi se è giusto legare le dimensioni del seno alla propria autostima. Riflettiamo sul messaggio che si invia nelle case quando si lega la riuscita di un rapporto coniugale a un seno più o meno turgido.

Programma: *Pomeriggio 5*
Rete: Canale 5
Data: 4 giugno 2009

Pomeriggio 5 è il "contenitore" pomeridiano di Canale 5; come tutti i "contenitori", tratta – mescolandoli – temi svariati e assai distanti tra loro: spettacolo, pettegolezzi, politica, cronaca nera, costume.

In studio è presente una nota soubrette; insieme a lei, il suo compagno, il figlio di circa dieci anni e la figlia di pochi mesi.

La conduttrice fa partire un filmato che ripercorre alcune tappe della carriera della soubrette.

Ricordiamo che in studio ci sono i suoi figli. Ricordiamo che questa trasmissione è vista da famiglie e da minori.

Nelle immagini che sfilano sullo schermo la vediamo partecipare, in un gioco televisivo, a un finto incontro di wrestling. Nel corso dell'esibizione assume alcune posizioni oscene.

Qui la soubrette, dopo avere fatto riferimento al suo matrimonio e alla sua vedovanza, annuncia di non voler sposare il padre dei suoi figli e attuale compagno "perché se no perdo la pensione" (del defunto marito, noto giornalista corrispondente Rai).

CARMEN DI PIETRO: "ECCO PER

Diffondere questo tipo di messaggi in televisione è *corretto*? La conduttrice ride, e quindi implicitamente lascia intendere che quanto dichiarato dall'ospite è divertente.

L'uomo, mentre culla la bambina più piccola, ricorda come di recente la compagna abbia avuto un'avventura sentimentale. I due discutono animatamente. È necessario, per fare audience, affrontare temi inerenti la sfera privata della soubrette in televisione e davanti ai suoi figli?

AMMUCCARI A "LIBERO"

Viene proposto un altro brano di repertorio: la soubrette qui è "ipnotizzata" da un conduttore che le chiede di togliersi i pantaloni e la camicia.

Alla fine del filmato, la conduttrice chiede al bambino cosa pensa della sua mamma.

È giusto coinvolgere i minori in trasmissioni che minano le relazioni familiari?

Programma: *Mattino 5*
Rete: Canale 5
Data: dicembre 2008

Due invitate, Karina e Giada, litigano perché... "Sasà è mio!". LO SCONTRO TRA KARINA E LA RIVALE, annunciano le didascalie che passano sullo schermo.

Karina: "Tu sei uscita su vari giornali... finché lo fa l'uomo, di uscire con tante donne, come il mio fidanzato, è sempre bene. Quando una donna si fa vedere con tanti uomini, viene definita un'altra cosa".

Riflettiamo sul fatto che anni di educazione all'uguaglianza dei diritti vengono inficiati da simili dichiarazioni.

Ipotizziamo che ci sia un collegamento tra trasmissioni così concepite e la settantaduesima posizione assegnata all'Italia dal World Economic Forum per quanto riguarda il Gender Gap o differenza di genere.

Programma: *Insieme sul Due*
Rete: Rai Due
Data: 12 dicembre 2008

Questa sequenza è uno degli esempi più grotteschi che la tv recente offra e ci dà la misura dello stato di assuefazione degli spettatori.

L'annunciatrice rientra nella tipologia "grechina", cioè "ragazza decorazione", molto utilizzata in tv. A differenza della tipologia velina, che ha un'immagine più provocante, la grechina non allude a scenari erotici: si limita a decorare la scena con la sua presenza innocente e passiva.

In questa puntata, ai telespettatori viene proposto un sondaggio con la metodologia e la forma solitamente utilizzate per i sondaggi politici: la grechina legge la domanda mentre viene mandata in onda la grafica riassuntiva, "Vorresti tua figlia nuda su un calendario?".

Chiediamoci semplicemente perché un padre o una madre dovrebbe voler vedere sua figlia nuda su un calendario. C'è un piacere voyeuristico? Notiamo che la domanda non è: "Sareste favorevoli o contrari se vostra figlia apparisse nuda su un calendario?". La domanda così posta, con il verbo volere all'inizio, introduce una sfumatura preoccupante: si presuppongono piacere e soddisfazione da parte dei genitori nel vedere il corpo della propria figlia nudo su un calendario... Pensiamo al cortocircuito che la visione di una simile trasmissione provoca nello spettatore.

La ragazza invita il pubblico a casa a telefonare per esprimere la propria preferenza. Notiamo come la domanda grottesca sia inserita in un contesto di assoluta normalità a cui i telespettatori sono abituati. Non c'è alcuna ironia, la ragazza si limita a leggere il copione.

Infine, elenca le tre risposte possibili: 1) SÌ; 2) NO; 3) LO HA GIÀ FATTO.

Concludiamo considerando che questo sarebbe di gran lunga l'intermezzo più esilarante al quale abbiamo assistito. Se non fosse drammatico constatare che nessuno, in trasmissione, fa ricorso all'ironia.

Programma: *Scherzi a parte*
Rete: Canale 5
Data: 19 febbraio 2009

Anche qui, come nel percorso 1, la prima cosa che notiamo è la presenza di due adulti, uomini maturi, che discutono intorno al corpo di una ragazza molto giovane. Gli adulti, le figure solitamente "di riferimento", utilizzano la ragazza come oggetto. I due uomini sono entrambi sulla cinquantina.

Viene introdotto il tema dello sketch: sorprendentemente è l'ecologia, un argomento serio che desta preoccupazioni serie. La ragazza introduce l'argomento e, nel frattempo, si spoglia.

Contrariamente a quanto si potrebbe supporre, nonostante la situazione la ragazza "regge" il copione: riesce a mantenere un'espressione sempre ironica che le impedisce di cadere nel ridicolo.

Notare l'inquadratura sul sedere della ragazza subito dopo che la medesima ha introdotto il tema del risparmio energetico.

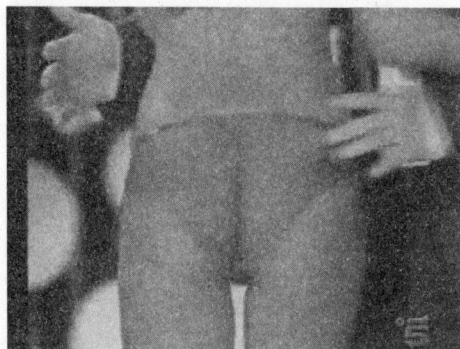

La ragazza finisce lo sketch e finge di voler uscire. Uno dei due presentatori la trattiene. Portare l'attenzione sul contrasto tra il presentatore adulto vestito e la giovane quasi nuda: stimolare una riflessione sul tipo di messaggio inviato.

Qui notiamo:
– tre adulti vestiti;
– la giovane quasi nuda;
– la comicità che vorrebbe riportare ai "discorsi da bar" dei maschi giovani. Riflettere sull'età dei conduttori.

Alla fine viene svelato il gioco: nessun tema, per quanto importante, può reggere il confronto con il sedere della ragazza.

Fuori percorso (dalle 19 alle 21 nelle case italiane)

Da tempo ormai i programmi delle fasce preserali di Italia 1 – il cui pubblico è tradizionalmente composto da bambini e ragazzi – propongono un'immagine ginecologica delle donne, la stessa saltuariamente proposta da Canale 5. È difficile applicare a queste trasmissioni il percorso di analisi di *Nuovi occhi per la tv*: il messaggio qui non è nascosto, non ci sono significati negativi subliminali da monitorare. Sono trasmissioni dal contenuto povero, di solito quiz banali, dove, in assenza di creatività, l'attrattiva principale consiste nella ripetizione ossessiva delle inquadrature di parti intime di una ragazza. Alla figura intera si privilegia infatti la parte, che nel 2009 è stata il sedere.

Il contesto, un gioco a premi, è quasi sempre un pretesto. Il presentatore, spesso bruttino e comunque fisicamente "inferiore" alla ragazza, si esprime con le battute e la mimica degli adolescenti. I concorrenti sono sempre famiglie, bambini, signore rassicuranti: la tipica famiglia italiana, insomma. Per tutto il 2009, l'elemento ricorrente cardine delle diverse trasmissioni è stato la scala: la scala di un trampolino su cui saliva Belen Rodriguez, la scala a pioli da cui scendeva Raffaella Fico, la scala grande nello studio televisivo da cui scendeva sempre la Fico. È interessante ricordare come l'esempio qui riportato appartenesse alla trasmissione *Il colore dei soldi*, interrotta prima del tempo per scarsa audience. In pochi giorni è stata sostituita da un nuovo quiz, *Prendere o lasciare*, con lo stesso presentatore e con la stessa ragazza, che però questa volta scendeva da una scala diversa, a pioli appunto. Da lì sotto le riprese ginecologiche riescono meglio.

I due uomini guardano estasiati il sedere di lei in primo piano.

La Gatta nera in tenuta di latex sado-maso è la valletta di un quiz visto anche da molti bambini. Non ride mai.

Raffaella sale, Raffaella scende, Raffaella sale, e così via... Sono le otto di sera.

Ecco un esempio di ripresa ginecologica: Belen Rodriguez sale la scala del trampolino. Sono le 19.40, il pubblico è formato anche da bambini.

Il degrado della programmazione pare inarrestabile. Le leggi e i codici in vigore in Italia non consentono questo tipo di sfruttamento delle donne, dei minori, della dignità di tutti. Basterebbe applicarli per tornare a una tv di maggior qualità, utile e coinvolgente per chi la guarda. Leggi e codici: dunque, la volontà dei cittadini, del parlamento che li rappresenta, delle televisioni stesse, che in alcuni casi si sono date regole proprie. Ma tutti, tanto le leggi quanto i codici, sono rimasti lettera morta per la perdita di coscienza dei nostri diritti, per l'arroganza di chi fa tv, per una generale demoralizzazione. Ripartiamo da qui: c'è già tutto, basta applicarlo.

Il volto

I volti delle donne adulte sono stati banditi dalla televisione. I volti delle donne mature sono scomparsi. Dove sono finiti? Perché in televisione non si vedono quasi più?

Questa cancellazione è diventata evidente solo dopo molti giorni trascorsi davanti alla tv. Immersa in un'orgia di seni, gambe, fianchi, perdevo lentamente lucidità e capacità di vedere e comprendere. Ma poi appare sullo schermo l'attrice Valeria Fabrizi, settant'anni, che racconta della sua vita professionale e del suo ruolo di moglie di Tata Giacobetti, uno dei componenti del Quartetto Cetra. Sorridente, le rughe portate con elegante noncuranza, lascia che la telecamera si soffermi sul suo volto senza prestarle attenzione.

Rimango colpita, anche se lì per lì non capisco perché. Rivedo le immagini più volte senza capire cos'è che mi attrae. Solo qualche ora più tardi – mentre selezioniamo nuove immagini e sullo schermo mi appare una donna di età indefinibile, con la bocca grande e tumida, gli zigomi tirati e l'occhio innaturalmente aperto –, d'improvviso, capisco: Valeria Fabrizi ha la FACCIA. Un volto vero. Le altre donne mature che fino a quel momento erano passate sullo schermo non ne avevano; o meglio, avevano un non volto, una sorta di maschera che somiglia a un volto ma che in effetti non lo è.

Mi torna in mente il racconto di un'amica. Qualche mese fa, a un congresso internazionale, nota una donna apparentemente giovane che girovaga sempre sola per le sale e che non si unisce mai alle altre partecipanti, che si ritrovano in gruppo al caffè o al ristorante. Un giorno, mentre la mia amica sta leggendo, la donna solitaria le si avvicina e le rivolge la parola. "Solo a quel punto mi sono accorta che non era affatto giovane, e che il suo volto era innaturalmente teso e privo di espressione. Non so perché, ma non riuscivo a parlarle: non la giudicavo, però proprio non riuscivo ad avviare una conversazione. Mi pareva che quel volto mi respingesse. Allora mi sono chiesta se il suo essere sola non dipendesse proprio da quel non avere faccia." Il termine *faccia* viene dal verbo fare e dunque ci portiamo in giro ciò che abbiamo fatto nella vita: la nostra faccia, appunto.

Un'altra immagine televisiva, intanto, mi colpisce: una conduttrice, certo sopra i cinquanta, sta seduta di fronte a una coetanea e le confida il proprio dolore per una vicenda che l'ha molto fatta soffrire in passato; nel ricordare si commuove e si mette a piangere. La conduttrice allunga la mano a carezzarle il volto, dicendole parole di consolazione. Sennonché, la scena risulta artefatta: non solo per la finzione insita nella tv stessa, ma anche per l'imperturbabilità del volto della conduttrice, la cui espressione non corrisponde assolutamente alle sue parole.

La chirurgia estetica sta mutando le relazioni umane e quasi nessuno se ne preoccupa.

Una volta, proprio durante una trasmissione televisiva, Margherita Hack ha detto che le donne con il volto rifatto "sono tutte brutte, ma non si vedono?". Io guardavo quelle donne e, più che all'estetica, pensavo alle relazioni negate da quella mancanza di espressione e alla ricaduta sociale della rimozione dei volti.

"Ti amo," dice l'attore sullo schermo mentre bacia la sua partner. Lei ricambia il bacio, socchiude gli occhi e mormora: "Anch'io...". No, non ci credo, lei non lo ama. I sentimenti non trovano espressione su un volto che il botox ha reso inalterabile dalle emozioni.

"Ho delle rughe molto evidenti," ha dichiarato recentemente l'attrice Kate Winslet in un'intervista ad "Harper's Bazaar". "E quando guardo le locandine dei miei film, dico sempre: 'Mi avete ritoccato la fronte. Potete farla tornare com'era?'. Preferirei che la gente dicesse: 'Sembra più vecchia', anziché: 'Sembra paralizzata'."

Il volto nudo esprime la nostra vulnerabilità e quindi anche il sentimento d'amore si manifesta sul nostro volto:

"Ma sei innamorata? Non ti ho mai visto così luminosa!".
Le emozioni si manifestano nel volto, lo plasmano, lo mutano. È anche attraverso la lettura delle espressioni del volto dell'altro che riusciamo a essere, ad esempio, diversi dagli animali, il cui muso ha molte meno espressioni del viso umano. Le ricerche fatte sui bambini cresciuti con i lupi hanno rivelato che nel loro scambio interpersonale non erano capaci di riprodurre più di una o due espressioni.

Plasmiamo quindi il senso di noi stessi, anche attraverso la proposizione del volto e l'incontro con il volto dell'Altro.

Assisto alla cancellazione dei volti delle donne mature dallo schermo televisivo come un'onta, una vergogna, un sopruso terribile contro tutte noi. "Sono loro che lo vogliono. Pagano per queste operazioni, che in molti casi sono anche rischiose," mi dicevano le amiche. Attraverso la televisione, sento la violenza insita nel proporre un modello così artificiale di femminile adulto. Penso all'enorme insicurezza di noi donne, costrette ad annullarci pur di essere accettate. Ancora una volta, interpretiamo a modo nostro il presunto desiderio maschile.

"Dobbiamo aver vergogna della nostra faccia?" chiedevo dunque agli amici. "Cosa c'è di vergognoso in una faccia che invecchia?"

La televisione, e non solo quella italiana, ha rimosso quasi completamente dalle sue trasmissioni i volti di donne adulte; restano pochi casi coraggiosi, come quello di Milena Gabanelli. Ma già Rita Dalla Chiesa, fedele alla verità del suo viso, viene spesso ripresa da lontano; quasi le rughe offendessero lo sguardo dei telespettatori.

La televisione crea dei modelli: cosa dicono le donne a casa quando vedono le loro coetanee, lisce e tirate come trentenni? "Mio marito dice che sembro la mamma della Parietti e invece siamo coetanee," ci racconta una donna alla fine di una proiezione del nostro documentario. Portarsi in giro la propria faccia oggi è sintomo di coraggio: presuppone centratura di sé, dignità, forza interiore. La pressione mediatica su noi donne è enorme, da parte di televisione, stampa e, ancor più, da parte delle affissioni che, come ci ricorda il fotografo Ico Gasparri, ideatore del *Proto-*

collo contro la pubblicità sessista, rappresentano il messaggio più invasivo. Perché "puoi decidere di non guardare la tv, non comprare le riviste, non andare al cinema. Ma non puoi decidere di non camminare per strada, dove campeggiano le affissioni con i loro messaggi pubblicitari invasivi".

Sono a un funerale. La moglie del defunto è affranta. Piange, i figli la sorreggono. La conosco da anni, il marito era un uomo buono e gentile e lei soffre terribilmente. Ma la sua faccia è una gabbia. Dolore, smarrimento, paura della solitudine lottano dentro di lei, e il volto immobile, pietrificato da una chirurgia impietosa, imprigiona tutto quanto. È un burqa di carne, una maschera definitiva che incancrenisce i sentimenti all'interno del corpo, impedendone l'espressione.

Come avverrà dunque l'incontro con l'Altro? Cosa porterò di me nelle relazioni che instaurerò? E la relazione profonda, come viene modificata se il volto non reca più tracce della sua vulnerabilità?

La vulnerabilità, oltre a essere l'elemento di maggior fascino del volto, è la porta aperta all'altro, è la possibilità di aprirci a una relazione. Il problema della cancellazione dei volti non va dunque ricondotto solo a una mera questione estetica, non è importante decidere se con gli zigomi gonfi saremo più o meno belle: il problema è riflettere su quanto e come cambierà la nostra possibilità di entrare in relazione con chi incontreremo dopo che il nostro volto, e dunque la nostra storia che nel volto trova espressione, sarà scomparso. Di questo però non si parla.

Sul blog de *Il Corpo delle Donne* abbiamo inaugurato una rubrica, *Metterci la faccia*:

```
Ogni tanto questo spazio è a disposizione di chi
ci legge e di chi, nelle cose che fa, mette la fac-
cia. C'è bisogno di facce, facce vere, facce che
raccontano di una vita che non si ferma all'appa-
renza. Volti alternativi ai 'non volti' televisi-
vi e pubblicitari. Che raccontano di noi a chi ci
incontra. Mettiamoci la faccia.
```

Solitamente pubblichiamo un primo piano in bianco e nero delle nostre lettrici, corredato da un piccolo racconto che ci fa conoscere la storia che ha plasmato quel volto:

"C'è una ruga che parte dalla mia tempia e termina sotto l'occhio destro. Esita, vacillando lievemente, incerta su dove vuole arrivare. È la strada che percorremmo un giorno in Provenza, quando si era fatto tardi e avevamo fame e voglia di fare l'amore e non si trovava un albergo, e questa strada continuava tra i campi di lavanda e io sudavo e tu non ti perdevi d'animo, e infine arrivammo. Poi c'è una ruga, piccola ma profonda, tra le sopracciglia. Breve come la telefonata che veniva da lontano a farmi piangere, come la notte passata ad aspettare notizie, come un'inutile preghiera".

"Ci sono due rughe sottili agli angoli della mia bocca. Quelle sono le risate convulse tra i banchi di scuola, all'ultima ora del venerdì, o ai funerali, quando non si dovrebbe ridere ma non si riesce a smettere, o nella penombra di un cinema, o le risate per i comici di piazza nelle sere morbide d'estate quando avevamo un po' bevuto. Il ventaglio di segni intorno ai miei occhi, invece, sono giornate di sole accecante sul mare, gite in barca tra le isole greche col salmastro che brucia la pelle e vino bianco nei calici verdi e parole leggere come il vento. E svolte improvvise, pianti immotivati, litigi, letture notturne fino alle ore piccole senza poter posare il libro, sorprese, delusioni, innamoramenti. Le rughe sulla mia fronte sono come le onde del mare, come l'orizzonte di colline del mio paese, come i capelli di mia figlia quando si sciolgie le trecce. Sono la mia storia e la nostra, si intrecciano ad altre rughe nella rete infinita di attese e ricordi che mi rende ciò che sono."

E così ha scritto Cinzia Marini, una lettrice, accanto a un suo magistrale ritratto opera della fotografa Laura Albano, che da tempo cerca la verità nei volti delle donne con il progetto "Un'altra Donna". Dare un significato nuovo e migliore alle nostre rughe può avere effetti contagiosi e rapidi.

Se la scelta di intervenire chirurgicamente resta un fatto privato sulle cui conseguenze sarebbe doveroso riflettere – ma in merito al quale naturalmente ognuno di noi è libero di agire in assoluta autonomia –, la scelta di proporre all'interno di uno strumento mediatico quasi soltanto volti innaturalmente giovani non è invece scevra da ricadute sulle quali è urgente discutere. È un fenomeno che non si può ignorare, proprio perché la televisione, ci piaccia o no, crea dei modelli.

Come sta Sharon quando indossa le rughe di George?

Qualche giorno fa Giampiero, carissimo amico, mi diceva che a suo avviso le donne invecchiano peggio degli uomini.
Cercavo di spiegargli che non è così, anzi. Le donne ci tengono di più, in linea di massima sono meno pigre, si curano, fanno ginnastica... Niente da fare, non lo convincevo.
Poi ho capito.
Ho capito che quello che lui intendeva stava dentro il suo sguardo.
Noi tutti ci guardiamo l'un l'altro partendo da preconcetti ben radicati in noi che agiscono a livello subliminale. Preconcetti di cui non ci rendiamo conto e che spesso ci sono stati tramandati da generazioni.

George è nato
il 6 maggio 1961.

Sharon è nata
il 10 marzo 1958.

Sharon Stone ha cinquantadue anni.
È unanimemente giudicata una donna bellissima.
George Clooney di anni ne ha quasi quarantanove.
È unanimemente giudicato un uomo bellissimo.
Possiamo affermare che il mio amico Giampiero ha torto?
Apparentemente, sì.

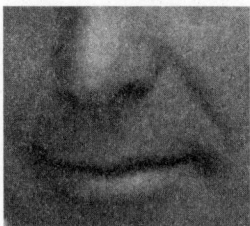

Sharon Stone non ha le rughe naso-labiali profonde come George Clooney.

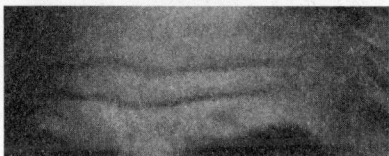

E non ha nemmeno rughe profonde sulla fronte.

Qualcuno però potrebbe obiettare che forse in questa foto la Stone non appare al naturale, mentre Clooney sì.
Facciamo dunque un esperimento. Con un programma di fotoritocco abbiamo disegnato le rughe di Clooney sul volto della Stone.

Com'è la Stone ora?
È ancora bella?
È meno bella?
Prendiamoci un po' di tempo...
Come è cambiata la nostra percezione della Stone?
Cosa è cambiato?
Probabilmente, Sharon Stone al naturale, senza ritocchi, oggi è pressappoco così.
Però, come dice Giampiero, se fosse così vorrebbe dire che "invecchia male".

George Clooney invece, con le sue belle rughe, invecchia bene.

Perché?
Un tempo si sarebbe risposto: perche le donne sono fatte per fare figli, quando non sono più fertili perdono di attrattiva.
Ma ora?

Da anni l'accoppiamento non è più legato unicamente alla riproduzione.

Una bella donna con le rughe è davvero meno attraente?

O siamo vittime di un preconcetto?

Le rughe in un uomo piacciono, si dice, perché comunicano esperienza, vita vissuta, saggezza, protezione.

Anche in una donna.

Il preconcetto ci impedisce di vedere ciò che probabilmente è già realtà.

Forse è tempo di indossare nuovi occhi.

3.

Una televisione per chi?

Il degrado della programmazione televisiva nel nostro paese mi è apparso con chiarezza dapprima mentre montavamo il documentario e successivamente con il lavoro di monitoraggio delle trasmissioni portato avanti sul blog. A quel punto mi è venuto naturale chiedermi che cosa dicessero gli studi sulla televisione, i saggi, le ricerche accademiche, che sapevo essere numerosissimi. E anche domandarmi quale fosse l'azione degli organismi di tutela dei cittadini, quali la presenza e il peso delle leggi e dei codici. Mi rifiutavo di credere che questa svilente programmazione potesse andare in onda senza un'adeguata denuncia, senza una presa di posizione delle teste pensanti, senza mezzi di regolamentazione, senza azioni di contrasto nei confronti delle trasmissioni diseducative.

Ho scoperto che in Italia la ricerca e l'analisi hanno dettagliatamente fotografato ogni aspetto dell'attività televisiva: produzione, fruizione, effetti individuali e sociali. Esiste un quadro chiaro di ciò che la tv è, della sua funzione e della sua influenza.

Inoltre, non mancano leggi, codici, autoregolamentazioni. Che sulla carta prevedono una televisione educata, responsabile e fonte di miglioramento della vita pubblica e individuale dei cittadini. Nella realtà, però, sui canali televisivi italiani, queste regole (anche quelle che le televisioni si sono date da sole!) vengono ignorate senza conseguenze.

D'altra parte, gli stessi organismi di controllo appaiono molto tolleranti circa le proposte televisive offensive – violente e degradanti – nei confronti delle donne, mentre sono fortunatamente più attenti alla qualità della rappresentazione delle minoranze e delle differenze culturali e sociali. Verso quel tipo di programmi che sfrutta e avvilisce le donne – assai diffusi, come abbiamo documentato nel nostro video – sembra dunque esserci un problema di *percezione*, tanto da parte di chi dovrebbe tutelarci, quanto da parte del pubblico: molta tv che non rispetta la dignità delle donne non è percepita come offensiva; il problema viene trattato come fosse di natura morale, e dunque è solo la volgarità a essere stigmatizzata.

Questa percezione che non riconosce la donna come individuo autonomo ha radici profonde nel nostro paese. Non dimentichiamo cosa è stato lo stupro per la legge italiana fino a pochissimo tempo fa: un delitto contro la moralità pubblica e il buoncostume. Violentando una donna, o una bambina, veniva lesa la collettività nei suoi princìpi, non una persona. Ed è stato così fino al 1996, quando la legge n. 66 del 15 febbraio ha finalmente stabilito che lo stupro è un crimine contro la persona. D'altronde, se pensiamo che sempre fino a quattordici anni fa anche l'incesto era trattato come reato contro la morale familiare... Inoltre, benché considerata un crimine, la violenza carnale era tale dal punto di vista del potere maschile: soltanto nel 1981 è stato modificato il Codice Rocco riguardo alle cause d'onore, con l'abrogazione dell'articolo 544 del codice penale italiano che ammetteva il "matrimonio riparatore": l'accusato di delitti di violenza carnale, anche su minorenne, vedeva estinto il proprio reato nel caso di matrimonio con la persona offesa.

Su un piano diverso, ma sempre secondo questo punto di vista maschile, le donne offese in tv possono anche essere considerate indecenti e disdicevoli, ma non vengono viste come oggetto di una violenza diretta verso il genere femminile, e quindi come ostacolo alla dignità e all'affermazione individuale di ogni donna. Insomma, che si tratti di una violazione di un diritto costituzionale non è ancora coscienza acquisita. La rappresentazione delle donne in tv, spogliate, ridicolizzate, manipolate, a volte umiliate, sul piano istituzionale viene considerata ancora come cattivo gusto e non come limitazione della libertà individuale di milioni di donne.

Sul versante delle tv commerciali, poi, le cose si complicano perché a guidare le scelte editoriali e autoriali c'è solo l'audience, la cifra magica dei presunti dati d'ascolto. Questo elemento numerico, freddo, considerato oggettivo e totalmente affidabile, è l'unico preso in considerazione quando si tratta di operare scelte di programmazione o di giustificarsi di fronte alle critiche. Cominciamo da qui.

Nell'impossibilità di ottenere un riscontro diretto del consumo di televisione, come è invece possibile per il cinema, i libri e la stampa, per valutare l'ascolto (la quantità) e il gradimento (la qualità) dei programmi trasmessi ci si è orientati verso soluzioni alternative. La Rai, rispondendo alle responsabilità proprie di una televisione di stato, ha sempre effettuato direttamente ricerche e indagini, per esempio, la collana di saggi VQPT (Verifica qualitativa programmi trasmessi) e le rilevazioni che misurano (attraverso il questionario e l'intervista diretta) il gradimento del pubblico.

In quanto unica emittente sul mercato fino agli anni settanta, la Rai non aveva bisogno di calcolare quanti consumatori "vendesse" agli inserzionisti pubblicitari. Dunque, in regime di monopolio, per la Rai avrebbe potuto essere interessante capire, provare a capire, se quanto veniva trasmesso piaceva, interessava, oppure no; se il lavoro che svolgeva andava a buon fine e cioè se interessava il pubblico. Nelle intenzioni di chi lo misurava, l'indice di gradimento doveva dar conto di:

– la corrispondenza tra le offerte degli autori televisivi e le aspettative dei telespettatori;

– il rispetto per la sensibilità di chi guarda da casa;

– la risposta di individui e famiglie all'originalità, ai contenuti e allo stile proposti nel palinsesto.

All'avvento della televisione commerciale, all'inizio degli anni ottanta, la Rai non sceglie di difendere le peculiarità del servizio pubblico differenziandosi dalla concorrenza, ma accetta che siano le regole della tv privata a diventare legge, e vi si adatta. La conseguenza è la caduta progressiva della qualità, della credibilità e dell'autorevolezza dell'azienda.

Nel 1984, la Rai è tra i promotori di Auditel, una società che ha come fine la rilevazione del consumo televisivo, predisposta a fornire e a gestire solamente dati quantitativi. Auditel viene creata insieme ai network dell'emittenza privata e alle associazioni dei pubblicitari. La sua attività prende il via nel 1986, a Milano.

A quel tempo, la televisione pubblica sarebbe stata ancora in grado, con il proprio peso commerciale e culturale, di orientare in una direzione diversa le modalità della rilevazione degli ascolti. Gli enormi investimenti del mercato pubblicitario televisivo, che dal calcolo degli ascolti dipendono, avrebbero dunque potuto essere orientati da una politica della rilevazione dei dati che non considerasse gli spettatori solo passivamente. Invece, una volta creata Auditel, la scelta è caduta sullo strumento *meter*, che registra i contatti operati dallo spettatore attraverso la selezione dei canali in riferimento al tempo di permanenza, senza indicare il gradimento o il disaccordo, trasmettendo poi gli impulsi per via telefonica. Ma vediamone più precisamente il funzionamento tecnico così come è descritto sul sito dell'Auditel.

> Schematicamente, il meter è composto da 3 unità:
> l'Unità di identificazione, che riconosce e registra il canale televisivo fruito da ogni apparecchio presente nella famiglia (tv, videoregistratore, dvd, ricevitore per tv satellitare e digitale terrestre, PlayStation);
> il Telecomando, che segnala le presenze individuali per ciascun televisore, attraverso tasti assegnati a ogni componente della famiglia e a eventuali ospiti;
> l'Unità di trasmissione, che raccoglie i dati (di tutte le tv) per poi trasmetterli al calcolatore centrale, via linea telefonica o GSM.
> Prodotti da AGB, società incaricata della rilevazione, i meter sono di proprietà di Auditel. Le informazioni raccolte ogni giorno, tra le due e le cinque del mattino, sono elaborate dal computer centrale e diffuse alle dieci del mattino successivo.[11]

Guardare un programma in tv significa automaticamente apprezzarlo? Cambiare canale, in certe fasce orarie, offre davvero la possibilità di trovare qualcosa che risponda alle esigenze di tutto il pubblico? Per chi, come la Rai, aveva lunga esperienza nella ricerca degli indici di gradi-

---

[11] www.auditel.it.

mento, avrebbe dovuto essere chiaro che insieme alla registrazione automatica della selezione del canale andavano poste alcune domande: quello che avete visto, vi è piaciuto nel suo insieme? Cosa non vi è piaciuto? Che cosa sì? Perché? Cosa cambiereste? Queste poche domande avrebbero probabilmente cambiato il futuro della televisione, e di conseguenza quello degli spettatori.

Il sistema di rilevazione scelto da Auditel, e basato a oggi su circa cinquemila famiglie campione, non era l'unico possibile; anzi, era davvero poco adatto per stabilire la soddisfazione del pubblico e le modalità di fruizione. Auditel, del resto, ha come obiettivo la mappatura degli ipotetici consumatori in base alla loro suddivisione e frequenza di ascolto, non quello di tratteggiare il profilo del pubblico per fornire un'offerta adeguata – sulla quale sarà poi l'industria pubblicitaria ad adattarsi, e non viceversa.

Comunque sia, i dati raccolti da Auditel diventano l'elemento decisivo per la stesura dei palinsesti da parte delle reti. Una rilevazione di tipo solo quantitativo ha un problema di fondo: sui tabulati, la semplice accensione del televisore si tramuta in un gradimento implicito. E invece sappiamo tutti che spesso nelle nostre case la tv viene utilizzata come sottofondo o accompagnamento a cui non viene prestata che un'attenzione saltuaria e distratta; e che la scelta di un programma si effettua a volte in base al "meno peggio": si può indicare come apprezzamento la "resa" di chi guarda la tv di fronte a una proposta che può anche essere globalmente di bassa qualità? Il metodo dell'Auditel serve solo a stabilizzare il mercato della pubblicità con dati costanti e privi di possibile contraddizione.

Infine, è giusto che a gestire un organismo così importante siano gli stessi enti che ne traggono beneficio, le parti in causa insomma, cioè Rai, Mediaset e pubblicitari? Non dovrebbe invece essere un'organizzazione autonoma? Per l'importanza della posta in palio, sarebbe più corretto che a occuparsene fosse un ente davvero autonomo. E infatti la legge prevede che questo ruolo venga svolto direttamente dall'Autorità per le garanzie nelle comunicazioni, che da parte sua non ha mai rivendicato con forza il ruolo che le spetta.

Eppure, l'Autorità è un ente indipendente della Repubblica italiana, a cui la legge attribuisce un compito specifico, mentre l'Auditel è solo una società privata e nemmeno super partes. Forse, la soluzione sarebbe una pluralità di soggetti che rilevano i dati di ascolto, superando un monopolio che, alla prova dei fatti, non è stato salutare per la tv italiana. In questa maniera, la stampa non avrebbe più la possibilità di indulgere nella cattiva abitudine di presentare i dati Auditel come i numeri di una lotta all'ultimo sangue con vincitori e vinti. Allo stato attuale, bastano pochi decimi percentuali per decretare una vittoria o una sconfitta, solo qualche punto percentuale separa un flop da un trionfo. Se un programma x ha, per esempio, sette milioni di spettatori e il suo concorrente y nella stessa fascia oraria ne ha cinque, davvero si tratta di apoteosi per il primo e sconfitta per il secondo? No, per le aziende che volessero inserire i propri spot in queste ipotetiche trasmissioni, ci sono, potenzialmente, due pubblici molto numerosi; più numeroso nel caso del programma x, ma con prezzi delle inserzioni inferiori nel caso dell'emittente del programma y, che sicuramente cercherà di recuperare competitività. Quindi, entrambe prospettive interessanti. E dato che le vere destinatarie dei dati Auditel sono le aziende, a vantaggio di chi parlare di trionfi e di sconfitte? Invece è proprio questo il modo in cui molti giornalisti trattano i dati Auditel. Questa gestione delle rilevazioni, e questa prospettiva in cui i programmi che vanno in onda – e dunque tutto il lavoro che c'è dietro – sono solo duellanti al cospetto del dio mercato, hanno portato la tv italiana a un livello qualitativo infimo.

È evidente, e ormai sostenuta da più parti, la necessità di indagini qualitative del consumo televisivo, che si affianchino a quelle quantitative per dare un quadro più realistico di chi guarda la tv e come. In questa direzione la Rai aveva attivato l'Indice qualità soddisfazione (IQS) già nel luglio del 1997, ma, dando prova di scarsa trasparenza, non ha mai voluto divulgarne i dati.

Il 19 ottobre 2002, Gianni Morandi apre in prima serata la trasmissione *Uno di noi*, su Rai Uno, in mutande e disquisisce dei limiti dell'Auditel. Roberta Gisotti, giornalista e portavoce del Tavolo permanente per la riforma dell'Auditel, a proposito di quell'episodio scrive:
"L'aumento di pubblico davanti all'esibizione di Morandi

in mutande sta a confermare la pochezza di un rilevamento che induce tutta la programmazione a tararsi su un livello emozionale per catturare l'attenzione dello spettatore per almeno trentuno secondi, necessari ad alzare l'audience. Ecco perché una tv sempre più volgare, urlata, violenta, ansiogena, superficiale, bizzarra per creare un flusso di emozioni forti e di passiva ricezione di messaggi di ogni tipo veicolati attraverso suoni e immagini e parole, senza il tempo della comprensione ragionata".[12]

Se a tutto questo si aggiunge che il mercato televisivo italiano si è rapidamente strutturato, dai primi anni novanta, in un duopolio dove fare concorrenza è molto difficile, si capisce a quali rischi siano esposti gli utenti-telespettatori-cittadini nel loro diritto di avere una tv all'altezza di un paese democratico.

Poteva e doveva esserci un altro modo di gestire l'enorme mercato degli spot e delle televendite. La Rai sarebbe stata in grado di articolare e differenziare la sua proposta in base ai feedback del pubblico, al fine di *ascoltare* gli spettatori e non solo di misurarne l'ascolto: una capacità che le veniva dalla consuetudine a decenni di programmazione di alto livello. Insomma avrebbe potuto, per la sua tradizione e per i mezzi e il personale di cui disponeva, offrire e mantenere una qualità elevata. Cosa che sarebbe stata più difficile per la televisione commerciale, nonostante le notevoli risorse economiche e organizzative: difficile e innaturale, perché la filosofia a essa sottesa è quella del guadagno attraverso lo sfruttamento massiccio della pubblicità, indipendentemente dai contenuti offerti.

Non era dunque interesse della televisione pubblica, e perciò di tutti noi, un sistema di rilevazione dell'ascolto basato solo su dati quantitativi. Era anzi interesse della televisione commerciale, concorrente della Rai. Le due esigenze andavano mediate e invece è passato il modello di una televisione finalizzata puramente al profitto, senza lungimiranza alcuna circa le possibili implicazioni di una tale scelta, oggi sotto gli occhi di tutti.

È cominciata così la metamorfosi che ha reso la televisione pubblica una copia di quella privata.

---

[12] Roberta Gisotti, *La favola dell'Auditel. Parte seconda*, Nutrimenti, Roma 2005.

Lo stato delle cose

Anche a causa di questo modello televisivo, la scatola catodica, ormai divenuta schermo al plasma in formato cinematografico, non ha compiuto un grande percorso evolutivo. È sempre stata, e rimane, ancorata alla logica tradizionale di gestione del potere; difficile dunque che la donna vi trovi un luogo di rappresentazione di sé fedele e non filtrata dal punto di vista maschile. E considerando poi che oggi in Italia è la tv, per importanza e ricaduta culturale, il principale mezzo di diffusione di modelli di genere e di rapporto tra i generi, si può capire quanto stretto sia questo circolo vizioso.

Quando un sociologo come Pierre Bourdieu, che alla "dominazione maschile" ha dedicato una parte significativa del suo lavoro, nel 1996 ha accettato di andare a parlare in televisione, ha fatto due esplicite richieste: non essere interrotto mentre parlava e non essere costretto a condensare in pochi secondi concetti che richiedevano tempo per essere espressi. E nel saggio *Sulla televisione* ha focalizzato l'attenzione sul giornalismo televisivo, evidenziando come sia caratterizzato dalla ricerca del sensazionale, o meglio, da ciò che i giornalisti televisivi considerano sensazionale. Con riferimento alla costruzione dell'informazione, per decidere cosa va detto e mostrato i giornalisti televisivi si basano su ciò che altri giornalisti televisivi hanno già mandato in onda. Non si tratta solo di un'analisi esterna: può confermarvelo chiunque lavori in un telegiornale, ovunque nel mondo (con qualche eccezione), ma in particolare in Italia.

In questo modo il giornalismo televisivo – che è parte rilevante e fondamentale della proposta in tv, e della rappresentazione della donna – non può essere in grado di svolgere il proprio ruolo, ovvero informare sul mondo. Chiuso e compiaciuto nel proprio autismo, fa informazione sull'informazione, dissociandosi dalla realtà. La questione – non da poco – è che per la stragrande maggioranza di chi segue i telegiornali (fiduciosi non addetti ai lavori) ciò che viene mostrato e detto *è* la verità.

Il problema della distorsione della realtà si ripresenta, e con maggior forza, anche per il macrogenere dell'intrattenimento, da noi preso in considerazione nel documentario. In generale, tre sono le gravi limitazioni comunicative che la tv evidenzia.

Innanzitutto, la televisione tende a rappresentare se stessa e non la realtà che la circonda.

In secondo luogo, come modelli di rapporto interpersonale propone lo scontro e il litigio, invece della dialettica e del confronto: in altre parole, diffonde violenza, anche se con diversi gradi di intensità.

Infine, in tv l'interesse si focalizza sulle opinioni generiche e non sulle interpretazioni dei fatti.

Tre limitazioni che hanno conseguenze sul pubblico televisivo a livello sia individuale, sia collettivo. Non bisogna infatti dimenticare che i due principali ruoli cognitivi che la ricerca attribuisce ai media sono *il processo riflessivo del sé* e *la costruzione della realtà sociale*. Vale a dire che noi, come singoli individui, nella costruzione del nostro carattere e nel percorso di comprensione del nostro ruolo nella società, prendiamo dai materiali immaginari che la televisione ci offre elementi da utilizzare: cosa mi piace di me e degli altri? quali sono i diritti e i doveri come maschio o come femmina? in base a cosa mi sento intelligente, o abile, o bello/a?

Tutto questo, e altro, lo comprendiamo anche grazie agli esempi che la televisione ci fornisce attraverso l'informazione, la fiction, l'intrattenimento. Certo, queste funzioni (*il processo riflessivo del sé* e *la costruzione della realtà sociale*) sono svolte anche dalle famiglie, dalla scuola e dai gruppi di riferimento nella società reale, ma la maggior visibilità determinata dall'esposizione in televisione opera un potente rafforzamento simbolico dei ruoli e dei comportamenti rappresentati, facendoli apparire come comunemente accettati e condivisi. Il guaio è che i prototipi sociali e di genere trasmessi e propagati sono caratterizzati dal conformismo e dallo stereotipo più greve.

Solo alcuni aspetti, quelli esteriori e superficiali, sono stati toccati dal grande sviluppo avuto dalla tv negli ultimi anni. All'aumento del numero dei canali, all'evoluzione della tecnologia, all'accumulo dei linguaggi creativi e dei temi affrontati non è infatti corrisposta, in tutto il mondo e in particolare in Italia, una presa di coscienza del peso educativo della televisione, che è il mezzo di comunicazione più potente o uno tra i più potenti. In tv si continuano a proporre modelli sociali, di genere e culturali di basso livello, ancorati a una visione del mondo statica e conservatrice, che sembra negare quanto invece è in parte avvenuto nel mondo reale. La giustificazione per questa infima offerta continua a essere la solita: "È questo che la gente vuole". Su questa "scusa" ritorneremo. Per il momento, mi limito a dire che ciò che oggi, forse, molta gente vuole dalla tv, lo vuole anche perché abituata da venticinque anni (la vita intera, per i più giovani) a un certo tipo di televisione.

Per cogliere il degrado della programmazione in Italia basta una qualsiasi giornata di zapping. Ce ne siamo resi ampiamente conto durante la visione di centinaia di ore di tv necessaria alla preparazione de *Il Corpo delle Donne*. E da lì ci è venuta la curiosità di sapere se e come le ricerche su media e identità di genere raccontino e spieghino questa situazione.

Proprio mentre nella seconda metà degli anni ottanta avviene l'ascesa del modello televisivo commerciale – al quale, lo si è visto, si adatta anche l'emittente pubblica –, la Commissione nazionale per la realizzazione della parità tra uomo e donna promuove due ricerche condotte dall'antropologa Gioia Di Cristofaro Longo, molto interessanti per diversi motivi.

Innanzitutto, prendono in considerazione la rappresentazione della donna in tutti i media che utilizzano immagini: ne viene fuori un resoconto completo su come la cultura della comunicazione rappresenta il genere femminile, un resoconto che testimonia come l'interesse per l'etica della comunicazione avesse raggiunto, vent'anni fa, anche le istituzioni. La prima di queste ricerche, datata 1985 e intitolata *Immagine donna. Modelli di donna emergenti nei mezzi di comunicazione di massa*, individua alcune proposte per il cambiamento che verranno riprese nel Piano di azione nazionale del 1986 e poi nel Primo rapporto del governo italiano sulla convenzione per l'eliminazione di tutte le forme di discriminazione nei confronti delle donne del 1989.

Molto significativa è la seconda ricerca, *La donna nei media* (1992), resoconto dell'attività dello Sportello immagine donna, istituito dalla Commissione per le pari opportunità come ente a cui i cittadini potevano rivolgersi per segnalare pubblicità, programmi ecc. che proponessero immagini e messaggi offensivi e svilenti delle donne. La caratteristica più interessante della ricerca è proprio questa: il coinvolgimento diretto della popolazione – scuole medie comprese, grazie alle iniziative di molti insegnanti. Le numerose lettere, i lavori di analisi realizzati autonomamente e poi inviati, le denunce, le raccolte di firme che l'iniziativa ha catalizzato testimoniano di una coscienza civile e di una partecipazione venute meno negli anni successivi e fino a oggi, certo anche per la progressiva latitanza delle istituzioni nel sostenere una dimensione etica della comunicazione. Speranze e azioni in quel periodo erano altre, come spiega bene Tina Anselmi, allora presidente della Commissione per le pari opportunità e deputata democristiana:

> L'iniziativa parte infatti da un presupposto, da una nostra sensazione forte e ben distinta, anche se non ancora suffragata da dati certi: che i cittadini e le cittadine italiani fossero stanchi dell'immagine e degli stereotipi legati alla donna che il mondo dell'informazione e della comunicazione propongono con ossessiva insistenza, con messaggi ora espliciti ora subdolamente mascherati. Non si tratta solo dell'uso e della strumentalizzazione del corpo femminile (o meglio di alcune parti di esso, per di più scoperte) per vendere qualunque oggetto, ma anche e soprattutto della continua svalutazione della donna intesa come persona, eternamente relegata in ruoli sciocchi e superficiali. [...]
> E non ci sbagliavamo: le centinaia e centinaia di segnalazioni che abbiamo ricevuto hanno dimostrato che avevamo ragione, ed hanno dimostrato come un'istituzione, nel momento in cui si apre alla società civile e dialoga con essa, possa diventare reale punto di riferimento e valida interlocutrice. [...]
> Oggi presentiamo finalmente un primo bilancio dello "Sportello" che si presenta con una valenza del tutto nuova rispetto a qualunque indagine sociologica, antropologica o statistica sul tema: perché stavolta è la gente che parla, cittadine e cittadini che esprimono la loro soddisfazione per aver finalmente trovato qualcuno (un'istituzione!) disposto ad ascoltare il loro "basta!" e a trasformarlo in azioni concrete.[13]

[13] Commissione per la Parità e le Pari Opportunità tra Uomo e Donna, Sportello Immagine Donna, *La donna nei media*, presidenza del Consiglio dei Ministri, Roma 1992.

Il dato più interessante che emerge da questa esperienza è che, di fronte alle gravi distorsioni operate dai media sull'immagine della donna, ciò che stava più a cuore a ricercatori e istituzioni era approdare a un cambiamento. Teoria sì, per analizzare, ma poi azioni pratiche per incidere positivamente sul sistema.

Purtroppo, l'impegno delle istituzioni varia in base agli orientamenti politici, ideologici ed economici di chi prende il potere, anche se il rispetto della dignità delle donne dovrebbe essere un valore condiviso; se non altro, perché le donne sono presenti in tutti i partiti politici e in tutte le organizzazioni produttive.

Così l'osservazione, l'archiviazione e la produzione di documenti di sintesi che riguardano il rapporto tra identità femminile e rappresentazioni mediatiche audiovisive oggi sono portate avanti in Italia essenzialmente da organismi privati. In particolare, la programmazione televisiva è monitorata dall'Osservatorio di Pavia (in attività dal 1994) e la produzione di fiction dall'Osservatorio permanente sulla fiction (fondato e diretto dal 1986 dalla sociologa Milly Buonanno). La mole di dati che questi enti mettono a disposizione ribadisce la condizione di inferiorità delle donne nella rappresentazione che ne viene fatta sugli schermi. E questa discriminazione sul piano simbolico ne alimenta una reale, ad esempio nella distribuzione del lavoro intellettuale all'interno del mondo della comunicazione.

Nei suoi studi sulla professione giornalistica, la Buonanno ha messo in evidenza come nelle redazioni italiane le donne siano ancora discriminate in base agli stereotipi di genere, nonostante la crescita esponenziale della loro presenza e attività, soprattutto in televisione. La definizione coniata dalla studiosa per sintetizzare questa condizione è esaustiva: *visibilità senza potere*. Utilizzate essenzialmente come conduttrici, quindi con la messa in campo del volto – e ormai anche del corpo –, delegate alla gestione soprattutto di particolari settori tematici come gli spettacoli e la salute, sono perlopiù escluse dai ruoli più prestigiosi e di potere. Il problema maggiore evidenziato dagli studi sul giornalismo al femminile è che, anche dove le donne raggiungono posizioni influenti, possono farlo solo alimentando nella loro professione un punto di vista sul mondo e sui singoli fatti conforme all'ottica maschile. Insomma, una donna può anche (raramente) dirigere un telegiornale o fare l'opinionista a livello nazionale, ma solo a patto di un approccio maschile, di una rimozione almeno parziale dell'essere femminile nel mondo. Ne discendono ovvie conseguenze sull'interpretazione della realtà, condizionamenti che vengono così trasmessi al pubblico, alimentando un circolo vizioso.

Il Global Media Monitoring Project organizza ogni cinque anni una ricerca qualitativo-quantitativa in settanta paesi di tutto il mondo per fotografare presenza di genere nell'informazione di televisioni, radio e quotidiani. Margaret Gallagher, una delle coordinatrici della ricerca, commentandone nel 2004 i risultati ha detto chiaramente come per ottenere dai media un'immagine della donna quale cittadina a tutto tondo bisogna non solo far accedere le donne alle posizioni decisionali, ma soprattutto immettere nella prassi di costruzione delle notizie un punto di vista femminile, ma un punto di vista autentico e non un semplice scimmiottamento dello stile maschile. È più importante dunque *come* si racconta, rispetto a *chi* racconta.

Nel percorso di costruzione di un'alternativa all'egemonia maschile nell'informazione, ancora Milly Buonanno propone una coalizione delle giornaliste italiane in una comunità consapevole che rifletta su quale potrebbe essere la visione femminile. A suo avviso, ci si può riuscire partendo dal potenziale di autonomia ed etica che le donne hanno dimostrato in questi anni di possedere e di saper utilizzare. Infatti le giornaliste hanno spesso preso volutamente le distanze dal potere nella pratica del lavoro, soprattutto chi tra loro ha vissuto la stagione dell'impegno femminista.

Una dettagliata indagine sulla rappresentazione di genere nell'informazione della Rai, *Una, nessuna... a quando centomila? La rappresentazione della donna in televisione*, è stata svolta nel 2001 da Loredana Cornero e ha delineato un quadro in cui i limiti della rappresentazione al femminile permangono, a livello sia di creatrici (giornaliste, registe ecc.), sia di soggetti delle notizie. I problemi salienti sono: meno spazio negli argomenti seri, estrema valorizzazione dell'aspetto fisico ma minima di quello intellettuale, atteggiamento paternalistico nei loro confronti.

È autunno e, mentre preparo questo libro, accendiamo ancora la televisione per continuare il monitoraggio che teniamo sul blog. Assistiamo così per caso a questo episodio: primo pomeriggio, canale Rai, programma di attualità, tema serio, con ospiti autorevoli in studio nella sede di Milano, altri in collegamento da Roma. Prima della presentazione con nome e cognome, il conduttore annuncia gli ospiti così: "...e io sono in compagnia di due uomini molto importanti, e di una bellissima donna...".

Nell'attuale proposta televisiva italiana, i problemi evidenziati dalla ricerca nazionale e internazionale sono tutti presenti al massimo grado. Sembrano anzi aumentare, in controtendenza rispetto al resto d'Europa. In particolare, dilaga l'offensivo utilizzo del corpo femminile come oggetto sessuale smembrato in dettagli da macelleria, separato dal concetto di persona come insieme di mente, corpo e anima (o come volete chiamarla). Ce ne siamo ampiamente occupati nel nostro documentario.

Come hanno dimostrato gli studi sul corpo del filosofo francese Michel Foucault prima, e della filosofa statunitense Susan Bordo in seguito, nelle società contemporanee occidentali il controllo del corpo è decisivo per l'esercizio del potere e per la conservazione dello status quo sociale. In particolare, la Bordo si interroga sul perché nella moderna comunicazione domini l'ossessione per un corpo giovane, magro, in forma. L'imposizione per via culturale del modello bellezza-snellezza-giovinezza a tutte le donne è, secondo la Bordo, il modo in cui la società contemporanea tenta di costringerle a non affrancarsi dalla condizione subordinata nei confronti del maschio: l'accettazione di questo modello rappresenta infatti l'introiezione di valori propri del maschio quali disciplina, efficienza e autocontrollo. Le donne, insomma, possono pure conquistare nuovi ruoli e spazi sociali prima preclusi, ma solo riaffermando valori maschili e non i propri. In cambio, i media promettono loro la sicura affermazione in tutti gli ambiti: sessuale, lavorativo, famigliare. Il problema grave è che, per la grande maggioranza delle donne non in grado di conformarsi a questi valori tangibili, esiste la possibilità di una pesante ricaduta patologica causata dal non riuscire a corrispondere al modello richiesto dalla cultura dominante; una ricaduta che prende la forma dell'anoressia, della bulimia e della dismorfofobia (la percezione del proprio aspetto esteriore come inadatto, inaccettabile). L'univocità del modello corporeo proposto dalla tv italiana è evidente e i dati sull'aumento esponenziale delle malattie legate alla percezione fisica di sé lo confermano.

La variante più aggiornata di questo modello, quella che detta legge in questo momento nei media, è la magrezza estrema corredata però da seni abbondanti, per forza di cose installati da invasive operazioni chirurgiche. Anche arrivati al confine dell'inorganico, la canonizzazione delle caratteristiche femminili da parte maschile pare non volersi ancora arrestare. Tutto questo nudo e i continui richiami sessuali non operano la liberazione dell'erotismo femminile, che l'uomo teme in quanto segno evidente di affermazione della persona, ma, abbinati al continuo reinserimento della figura femminile nei ruoli di madre, sposa e prostituta, servono a congelarne le possibilità di evoluzione nella società, a limitarne la libertà e i diritti.

A confermare la condizione subordinata della donna sul piano delle immagini mediatiche sono due studi compiuti rispettivamente nel 2002 dal CNEL, il Consiglio nazionale dell'economia e del lavoro, e nel 2006 dal Censis, il Centro studi investimenti sociali, osservatorio dei cambiamenti e delle condizioni del paese.

Dalla ricerca del CNEL emerge un dato significativo, cioè che il rapporto tra tempo parlato o agito e tempo solo visivo nella programmazione televisiva tende a coincidere per gli uomini, mentre è fortemente squilibrato verso il visivo per le donne. Tutte quelle donne e ragazze ai margini dell'inquadratura, inginocchiate come ancelle o in piedi come cornici, quelle ragazze al centro dell'inquadratura ma vicino a uomini che tengono sempre la parola su argomenti importanti, ebbene, quelle ragazze sono la normalità della tv italiana.

A confermare l'esistenza di un modello sostanzialmente unico di donna nella rappresentazione televisiva del nostro paese è la ricerca del Censis, *Donne e media in Europa*, del quale quello che segue è l'estratto riassuntivo:

Attraverso l'analisi dei contenuti di 578 programmi televisivi d'informazione, approfondimento, cultura, intrattenimento sulle 7 emittenti nazionali (Rai, Mediaset, La7), emerge che le donne, nella fascia preserale, ricoprono soprattutto ruoli di attrici

(56,3%), cantanti (25%) e modelle (20%). L'immagine più frequente dunque è quella della "donna di spettacolo".

Piacevoli, collaborative, positive. La donna in tv è rappresentata in maniera positiva, come protagonista della situazione, ma generalmente lo spazio offerto alla figura femminile è gestito da una figura maschile "ordinante".

Belle, patinate e soprattutto giovani. L'immagine della donna risulta polarizzata tra il mondo dello spettacolo e quello della violenza della cronaca nera. C'è una distorsione rispetto al mondo femminile reale: le donne anziane sono invisibili (4,8%), lo status socioeconomico percepibile è medio-alto, e solo nel 9,6% dei casi è basso, mentre le donne disabili non compaiono mai. I temi a cui la donna viene più spesso associata sono quelli dello spettacolo e della moda (31,5%), della violenza fisica (14,2%) e della giustizia (12,4%); quasi mai invece alla politica (4,8%), alla realizzazione professionale (2%) e all'impegno nel mondo della cultura (6,6%).

L'intrattenimento. Il conduttore è uomo (58%), lo stile di conduzione è ironico (39,2%), malizioso (21,6%) e un po' aggressivo (21,6%); i costumi di scena sono audaci (36,9%), le inquadrature voyeuristiche (30%) e solo nel 15,7% dei casi sottolineano le abilità artistiche della donna. L'estetica complessiva è quella dell'avanspettacolo mediocre (36,4%) e scadente (28,9%). Nei reality in particolare, della donna si sottolineano invece doti di adattamento, furbizia e spregiudicatezza.

L'informazione: la donna del dolore. Nell'informazione la donna compare soprattutto all'interno di un servizio di cronaca nera (67,8%), in una vicenda drammatica in cui è coinvolta come vittima di violenze, stupri e prevaricazioni di ogni tipo. E il suo intervento, in un servizio televisivo, dura fino a venti secondi, nel 45,2% dei casi.

I programmi di approfondimento. Il timone della conduzione è in mano agli uomini (63%). Ma se le donne intervengono in qualità di "esperte" lo sono soprattutto su argomenti come l'astrologia (20,7%), la natura (13,8%), l'artigianato (13,8%) e la letteratura (10,3%).

Le donne della fiction. È il genere che meglio descrive l'evoluzione della condizione della donna, la quale viene rappresentata come dirigente di distretti di polizia, come medico e avvocato in carriera.

In sostanza, lo studio della programmazione televisiva italiana documenta un mancato rispetto dei diritti delle donne.

In Italia, la discriminazione culturale e sessuale è radicata e trasversale. Ma anche volendo accettare questo tratto "antropologico" del nostro popolo, che cosa dicono le leggi? Perché certamente si può avere un difetto congenito, ma bisognerebbe cercare di correggerlo, anziché esaltarlo. L'Italia è tra gli otto paesi più sviluppati del mondo, fa parte dell'Onu e dell'Unione europea, è coinvolta attivamente in numerose agenzie internazionali: ha quindi necessariamente sottoscritto una serie di trattati e di regole che è tenuta a rispettare, e una serie di documenti nei quali si sancisce che le donne hanno diritto al rispetto e all'attenzione dovuti a tutti gli esseri umani. Andiamo a vedere più da vicino.

La regolamentazione della rappresentazione di genere

Le Nazioni Unite, innanzitutto. Il 14 marzo 1985, con la legge n. 132 l'Italia ha ratificato e reso esecutiva la Convenzione Onu sull'eliminazione di tutte le forme di discriminazione nei confronti della donna, comunemente conosciuta come CEDAW. *Tutte* le forme. All'articolo 5, la convenzione riporta tra l'altro:

> Gli Stati parte devono prendere ogni misura adeguata per:
> a. modificare gli schemi e i modelli di comportamento sociali e culturali degli uomini e delle donne, al fine di ottenere l'eliminazione dei pregiudizi e delle pratiche consuetudinarie o di altro genere, basate sulla convinzione dell'inferiorità o della superiorità dell'uno o dell'altro sesso, o sull'idea di ruoli stereotipati degli uomini e delle donne.

Una delle particolarità della CEDAW rispetto ad altri trattati sui diritti umani è che non si limita a vincolare gli stati, ma li obbliga a intervenire nei confronti di altri soggetti non statali qualora la convenzione non venga rispettata.

Come riporta il comma E dell'articolo 2, gli stati devono "prendere ogni misura adeguata per eliminare la discriminazione contro le donne da parte di qualsivoglia persona, organizzazione o impresa". E, più in generale, è un trattato che non chiede semplicemente di condannare le discriminazioni contro le donne, ma impone anche un'azione positiva, cioè concreta, attuata attraverso la legislazione per indurre l'eliminazione degli ostacoli su questa strada.

La Repubblica italiana, comunque, aveva già inserito nella sua Costituzione l'impegno a contrastare ed eliminare ogni tipo di discriminazione tra i cittadini. È l'articolo 3 a esprimerlo con chiarezza, indicando proprio il sesso come la prima delle differenze da rispettare:

> Tutti i cittadini hanno pari dignità sociale e sono eguali davanti alla legge, senza distinzione di sesso, di razza, di lingua, di religione, di opinioni politiche, di condizioni personali e sociali. È compito della Repubblica rimuovere gli ostacoli di ordine economico e sociale, che, limitando di fatto la libertà e l'eguaglianza dei cittadini, impediscono il pieno sviluppo della persona umana e l'effettiva partecipazione di tutti i lavoratori all'organizzazione politica, economica e sociale del Paese.

È evidente come queste regole siano ignorate nella composizione di ampia parte dei palinsesti televisivi, dove la maggioranza dei programmi di intrattenimento, e in misura minore l'informazione, utilizzano il corpo femminile come oggetto, amplificano gli stereotipi di genere e rappresentano come normale la subordinazione della donna all'uomo.

Bisogna osservare che in particolare la Rai avrebbe bisogno soprattutto di scelte editoriali che semplicemente taglino certi tipi di programmi per fare posto ad altri, che cambino un linguaggio e una rappresentazione troppo lontani dalla realtà del paese. Anche perché il servizio pubblico, oltre alla Costituzione e al CEDAW, dovrebbe rispettare le regole che esso stesso si è dato. Come il Codice etico, che, approvato all'unanimità dal consiglio di amministrazione nell'agosto 2003, è vincolante per tutti i dipendenti della Rai, per tutte le società a essa riconducibili e per tutti i collaboratori e fornitori esterni che con essa intrattengano rapporti di lavoro. Il primo dei princìpi etici generali sostenuti dal Codice etico della Rai è l'osservanza della legge. Ma la Costituzione non è forse una legge? È la prima delle leggi! E, come si è visto, il CEDAW è applicato attraverso la promulgazione di una legge che lo dichiara vincolante per lo stato italiano.

Uno dei princìpi etici generali che la Rai si è data l'obbligo di osservare è il pluralismo. In particolare, al punto 2.2.1 (b), si argomenta:

pluralismo nella programmazione, in considerazione del fatto
che la complessiva programmazione del Servizio Pubblico deve
essere finalizzata allo sviluppo sociale e culturale del Paese, con
adeguato spazio, anche nelle ore di maggiore ascolto, alle varie
tendenze culturali che hanno segnato l'evoluzione della civiltà.
La linea editoriale RAI deve rispettare e soddisfare un pubblico
che ha orientamenti, opinioni e gusti diversi. Nei programmi si
deve, quindi, riflettere la molteplicità delle culture e degli interessi in modo che qualunque sia il credo religioso, il convinci-
mento politico, la razza, il sesso, l'orientamento sessuale, l'educazione, la condizione sociale e l'età, gli utenti non vengano tra-
scurati o offesi. Anche se il pluralismo non può trovare sempre
applicazione meccanica e contestuale, esso deve comunque essere rispettato in un ragionevole arco di programmazione.

Proseguendo nello stesso punto, alla sezione (e), viene
chiarito in modo interessante cosa si intende per:

pluralismo culturale, in quanto, in ordine alle singole proble-
matiche trattate devono emergere le diverse opzioni culturali presenti nel Paese, e nella stessa scelta dei temi, il Servizio Pubblico deve caratterizzarsi come capace di proporre questioni innovative e di interesse rispetto alle mode correnti riflesse dagli altri mezzi di informazione. [...] Anche attraverso la collocazione
di tali tematiche in fasce orarie di maggiore ascolto.

Infine, fondamentale per il nostro discorso, alla sezione (h) viene precisato che da tutelare è anche il:

pluralismo di genere e di età, in quanto RAI promuove la cultura
e la politica delle pari opportunità tra uomini e donne. La programmazione è chiamata a farsi carico della presenza, tra i radio e i telespettatori, dei minori: grande attenzione va riservata
alla tutela, non soltanto in termini di protezione dalle culture
della violenza e della prevaricazione fisica e psicologica, ma anche e soprattutto nel senso della promozione positiva di valori.

Da questi stralci è evidente che regole e impostazioni
corrette, serie, di vera assunzione di responsabilità di fronte alla delicatezza del proprio ruolo, esistono. La Rai, però,
attua il rispetto di queste regole solo in modo parziale, re-
legandone l'osservanza ai programmi più impegnati, a quelli meno seguiti, alle fasce orarie meno appetibili dal punto
di vista della vendita pubblicitaria. In contrasto con quan-

to afferma di voler fare, insomma. Quando c'è molta gente davanti al teleschermo, e dunque proprio quando ci sarebbe più necessità di diffondere un messaggio positivo circa l'immagine e il ruolo delle donne, ecco che il servizio pubblico si conforma all'abitudine che vuole il femminile sfruttato come richiamo sessuale, stereotipato, sottomesso.

Ma dal nostro punto di vista l'obbligo di rispettare valori come questi, che rientrano tra quelli universalmente riconosciuti come diritti umani, non può essere un dovere solo della tv di stato, deve esserlo anche delle tv private (ricordiamo che il Gruppo Mediaset trasmette su più canali, a livello nazionale, con pubblico e ascolti spesso superiori a quelli Rai): il profitto non può essere l'unico obiettivo di un mezzo di comunicazione potente come la televisione. Per ottenere risultati economici non è possibile, in un paese civile, giustificare l'offesa, la strumentalizzazione delle donne e la manipolazione dei loro corpi, dei loro volti, delle loro parole, del loro ruolo. Perché gli stessi risultati di ascolto, e la conseguente vendita di spazi pubblicitari non possono essere ricercati attraverso stimoli interessanti e divertenti, novità e diversificazione culturale e spettacolare, dando spazio alle idee?

Nel proprio codice etico, Mediaset non si è data regole di tutela della differenza sessuale e culturale, ma riconosce un altro documento che ha contribuito a formulare: il Codice di autoregolamentazione tv e minori, sottoscritto il 29 novembre 2002 tra il ministero delle Comunicazioni e i principali network televisivi italiani. Infatti, al punto (b) del Codice si riconosce che:

> il bisogno del minore a uno sviluppo regolare e compiuto è un diritto riconosciuto dall'ordinamento giuridico nazionale e internazionale: basta ricordare l'articolo della Costituzione che impegna la comunità nazionale, in tutte le sue articolazioni, a proteggere l'infanzia e la gioventù (art. 31) o la Convenzione dell'ONU del 1989 – divenuta legge dello Stato nel 1991, che impone a tutti di collaborare per predisporre le condizioni perché i minori possano vivere una vita autonoma nella società, nello spirito di pace, dignità, tolleranza, libertà, eguaglianza, solidarietà e che fa divieto di sottoporlo a interferenze arbitrarie o illegali nella sua privacy e comunque a forme di violenza, danno, abuso mentale, sfruttamento.

Al punto (c), le emittenti si fanno addirittura carico di parte della responsabilità educativa dei minori:

la funzione educativa, che compete innanzitutto alla famiglia, deve essere agevolata dalla televisione al fine di aiutare i minori a conoscere progressivamente la vita e ad affrontarne i problemi;

Al punto (e) c'è poi il chiaro riconoscimento delle responsabilità di chi fa televisione:

le Imprese televisive ritengono opportuno non solo impegnarsi a uno scrupoloso rispetto della normativa vigente a tutela dei minori, ma anche a dar vita a un codice di autoregolamentazione che possa assicurare contributi positivi allo sviluppo della loro personalità e comunque che eviti messaggi che possano danneggiarla nel rispetto della Convenzione ONU che impegna ad adottare appropriati codici di condotta affinché il bambino/a sia protetto da informazioni e materiali dannosi al suo benessere (art. 17).

Con il Codice, andando oltre le formulazioni teoriche, si stabilisce anche che – vista la presenza dei minori all'ascolto – la fascia oraria dalle 7 alle 22.30 sia protetta e regolamentata per quanto riguarda contenuti, linguaggio, pubblicità. In verità, considerata la programmazione di Rai e Mediaset, non lo è.

Si era pensato anche a un organismo che vigilasse sul rispetto del Codice, con l'attivazione di un Comitato per l'applicazione del codice di autoregolamentazione tv e minori che a sua volta avrebbe dovuto rendere conto all'Autorità per le garanzie nelle comunicazioni. Nell'art. 6.2 del Codice, si prevede che:

Il Comitato, d'ufficio o su denuncia dei soggetti interessati, verifica, con le modalità stabilite nel Regolamento di seguito indicato, le violazioni del presente Codice. Qualora accerti la violazione del Codice adotta una risoluzione motivata e determina, tenuto conto della gravità dell'illecito, del comportamento pregresso dell'emittente, nell'ambito di diffusione del programma e della dimensione dell'impresa, le modalità con le quali ne debba essere data notizia.

L'art. 6.3 continua così:

Rapporti con l'Autorità per le garanzie nelle comunicazioni.
Tutte le delibere adottate dal Comitato vengono trasmesse all'Autorità per le garanzie nelle comunicazioni. Qualora il Comitato accerti la sussistenza di una violazione delle regole del presente Codice, oltre ad adottare i provvedimenti di cui al punto precedente, inoltra una denuncia all'Autorità per le garanzie nelle comunicazioni contenente l'indicazione delle disposizioni, anche eventualmente di legge, violate, le modalità dell'illecito, la descrizione del comportamento – anche successivo – tenuto dall'emittente, gli accertamenti istruttori esperiti e ogni altro utile elemento.

Le sanzioni previste per chi viola il Codice vanno da un'ammenda variabile tra i diecimila e i duecentocinquantamila euro fino alla sospensione o alla revoca della licenza.

Dunque, un sistema di controlli e sanzioni esiste. Ma allora, com'è possibile che i canali più seguiti della tv italiana trasmettano programmi offensivi? Se andiamo a vedere il numero delle effettive risoluzioni, cioè delle condanne per violazione del Codice attuate dal Comitato per l'applicazione, ne troviamo 22 nel 2009, 29 nel 2008 e mai più di 40 negli anni precedenti, con l'eccezione del 2004 e del 2005, di poco superiori.

Tenendo conto che molte di queste si riferiscono a canali privati locali o alla fiction, risulta che il modo volgare e diseducativo di presentare la donna da parte della tv non viene considerato un problema dal Comitato per l'applicazione del Codice. Eppure, i modelli avvilenti che vengono proposti diventano un riferimento culturale strisciante per bambine e ragazze (oltre che per bambini e ragazzi, non dimentichiamolo).

La tutela dei minori non può non tener conto che metà dei minori sono donne in giovane età, che quindi riuniscono in sé i diritti dei minori con quelli di tutela della parità di genere. È sano e giusto mostrare a delle bambine, continuamente e senza spiegazione, ragazze e donne trattate come oggetti o raffigurate come stupide, valorizzate solo per la dimensione dei loro attributi femminili o per la loro subalternità all'uomo?

Se Mediaset ha sottoscritto un Codice per tutelare i minori, come si può giustificare la messa in onda in fascia protetta di programmi, tra gli altri, come *Il mercante in fiera*, *Il colore dei soldi*, *Sarabanda*, *Prendere o lasciare*, *Così fan tutte*, *Buona domenica*?

E la Rai, che condivide il Codice, come può permettere che all'interno di trasmissioni destinate alla famiglia come *Casa Rai Uno*, *La vita in diretta*, *Mezzogiorno in famiglia*, *L'Italia sul Due* o *L'Italia allo specchio*, in orari mattutini o pomeridiani, ci siano sovente rappresentazioni deteriori o alienanti delle donne (ma sempre più spesso anche degli uomini) e della sessualità? Inoltre, come qualunque altro cittadino e azienda, Rai e Mediaset non sono tenute a rispettare le leggi dello stato (come la Costituzione e il CE-DAW)? Raggiungere milioni di persone con la propria comunicazione è già, crediamo, una responsabilità morale della quale bisognerebbe sentire tutta l'importanza anche senza esservi obbligati e che non ci pare in contrasto con la crescita dei guadagni. L'idea che invece sembra essersi affermata nel dibattito sulla televisione è che senza ricorrere alla stimolazione tramite gli ingredienti più grevi non sia possibile attirare un vasto pubblico; un pubblico che, si sottintende, non sarebbe in grado di apprezzare forme e contenuti più elevati. Si immaginano quindi i telespettatori in preda a malessere non appena gli argomenti trattati non fossero più le barzellette, i pettegolezzi, i litigi, l'abbigliamento, la fede sportiva e le confessioni intime di celebrità e sconosciuti, spesso mostrati seminudi con la scusa dell'indagine e della documentazione.

Ma allora com'è possibile che il pubblico televisivo italiano degli anni cinquanta e sessanta e dei primi settanta si fosse appassionato al teatro, alla letteratura, al cinema, al confronto politico, all'indagine sociale, allo spettacolo fatto di personaggi, scenografie, costumi, musiche che costituivano un modello elevato e non lo storpiamento grottesco della semplicità quotidiana? Un pubblico, tra l'altro, che all'inizio della tv era ancora analfabeta in una percentuale consistente, la cui cultura personale lo poneva a distanza da ciò che veniva rappresentato, un pubblico più affamato e stanco di quello odierno perché reduce dalla guerra e comunque in un paese molto più povero rispetto a oggi sotto tutti i punti di vista. Certo, potremmo cavarcela affermando che quella era, per usare le parole dei critici della tv, la "paleotelevisione", il cui approccio pedagogico preti dal potere per limitare la libertà individuale. Nel suo discriminare le donne, nel non avere rispetto dei più giovani, nella sua volgarità gratuita, in tutte queste manifestazioni è proprio questo tipo di televisione la censura dei diritti di tutti.

A tv spenta

C'è un altro aspetto da considerare, collegato alla grandissima diffusione dei corpi femminili resi oggetto dalla televisione: la divulgazione e l'utilizzo di queste immagini al di fuori dello schermo televisivo. Nella rete in particolare, che è fatta di luci e di ombre proprio per le sue caratteristiche di libertà e accessibilità, queste immagini vengono riutilizzate e cambiano natura, in modo quasi sempre negativo. Navigando alla ricerca del repertorio tv per il nostro documentario, ci siamo imbattuti in una quantità enorme di materiale messo on line dagli utenti, che scambiano video e frame di soubrette, attrici, modelle. Quello che non ci aspettavamo era lo "smembramento" e la violenza espressiva.

Migliaia di frammenti di trasmissioni televisive vengono caricati sui canali personali di YouTube, il grande social network diffuso a livello planetario che mette a disposizione lo spazio per condividere i video. Molti di questi riguardano le donne della tv, data la loro grande popolarità. E ci appare grave e pericoloso che video di questo genere sollecitino e propaghino una violenza latente verso le donne, una violenza che non può non aver peso nelle relazioni reali di chi di questi filmati fruisce massicciamente, spesso ossessivamente.

Su YouTube è possibile scrivere messaggi testuali di commento ai filmati. In molti casi, quelli che accompagnano video di ragazze seminude, o in atteggiamenti sexy, sono di una violenza gratuita inspiegabile, in contrasto con l'eccitazione che dovrebbe essere suscitata dall'apprezzamento di un corpo, di una donna invitante. Anche quando le protagoniste sono semplicemente belle ragazze che fanno da contorno a programmi dove offrono soltanto la loro avvenenza, senza atteggiamenti seduttivi e con comportamenti e abbigliamento del tutto "normali", è comunque frequente che i commenti siano aggressivi, umilianti, distruttivi: dall'insulto fino a inneggiare allo stupro, o in alcuni casi fino a fantasticare la menomazione fisica della protagonista del video.

Si scatena una violenza che non è giustificata da queste immagini: non siamo in presenza di filmati pornografici, estremi, che fanno leva sul lato più oscuro dell'aggressività maschile, bensì di brevi video di ragazze che mostrano cosce o seni, che al più fanno qualche sorriso ammiccante o che vengono utilizzate dalla pubblicità con espliciti riferimenti sessuali presenti da decenni nella nostra comunicazione visiva. Eppure, su di loro si riversa un desiderio di annientamento che degenera nell'umiliazione violenta. Anche se non c'è una relazione di causa-effetto tra le inquadrature mostrate e le reazioni provocate. Dalla lettura di questi commenti risulta inoltre che chi scrive conosce molto bene la programmazione televisiva: appaiono nomi di soubrette e presentatori, ma anche pettegolezzi riguardanti la loro vita privata, riferimenti al contenuto e alla cadenza delle trasmissioni, agli avvenimenti extratelevisivi di cui sono protagoniste le loro "beniamine". Questo dimostra che sono spettatori assidui e partecipi della tv, o almeno di una parte ben precisa di essa: quella dell'esposizione strumentale ed esasperata della donna oggetto. Il che ci induce a pensare che una parte di responsabilità nella genesi di questo disprezzo sia della tv stessa, del suo modo di mostrare il femminile.

Un'altra modalità di ri-utilizzo delle immagini del corpo femminile che si annida in rete è lo "smembramento". Esistono molti siti, privati o sponsorizzati, che ospitano un numero impressionante di immagini statiche o di brevi video in cui i corpi di donna sono catalogati in base alle parti anatomiche mostrate o alle "performance" eseguite. Seni, sederi, gambe, volti sono a disposizione come in una macelleria i tagli di carne. *Upskirt*, *nipples*, *downblouse*, *seethrough* sono alcune delle parole chiave che dilagano in rete e che indicano accidentali visioni di parti del corpo femminile o di indumenti intimi femminili tratte dalle apparizioni televisive. Mutandine scorte sotto le gonne, accavallamenti di gambe al ralenti, capezzoli che occhieggiano dalle scollature, diventano ossessione pubblica e condivisa.

Siti che hanno anche svariate decine di pagine contenenti ognuna migliaia di frame o video. Il numero di utenti che visionano questi frammenti, indicato da appositi contatori, è impressionante. Ci sono classifiche per il gradimento, richieste di personaggi o programmi introvabili, sezioni "vintage" per ripescare dal passato catodico secondo gli stessi criteri di ricerca. Generalmente le immagini si scaricano gratis, ma in alcuni casi è possibile ordinare per posta, e a pagamento, archivi su dvd contenenti le gallerie preferite. Quella che emerge è la fisionomia inquietante, ma ben delineata, di una comunità raccolta attorno a una pratica comune e normalizzata.

"Vivo in Scozia, a Edimburgo, e proprio qualche settimana fa un programma televisivo ha parlato della pornografia e della dipendenza che si sviluppa nei ragazzi, soprattutto adolescenti e universitari. Ciò che è emerso durante la trasmissione è che i ragazzi intervistati (qui in Gran Bretagna) tendono a sentirsi meno attratti dalle coetanee perché assuefatti al corpo 'rifatto' delle attrici porno. Sempre secondo il programma, è addirittura emerso che molti ritengono 'normali' i seni al silicone e 'strani' quelli normali. Tutto ciò allontana i ragazzi e le ragazze creando disagio e aspettative che non possono essere soddisfatte. Spero tanto che si riesca a invertire questa tendenza, perché la pornografia crea unicamente solitudine e alienazione."

"Un argomento di riflessione interessante sarebbe capire perché il porno sia diventato nel corso degli anni sempre più violento e scatologico.
Senza farne un'apologia, c'è una differenza abissale tra le produzioni degli anni settanta, che avevano un che di libertario e 'gioioso', e le produzioni attuali, il cui scopo principale consiste nell'eccitare l'utente maschio non tramite il sesso ma tramite l'umiliazione della donna. Rocco Siffredi ne è un esempio."

"Sono un ragazzo di 24 anni cresciuto con il porno su Internet... quando guardo le mie coetanee non vedo che difetti... inoltre, è molto più facile stare davanti al pc che impegnarsi in un rapporto umano... nel corso del tempo mi sono reso conto che il porno ha influenzato le mie fantasie, inoltre non sogno altro che una donna da trattare come quelle di tali film. In certi momenti riconosco che è degradante per le donne essere attrici hard, a volte provo dispiacere per quelle ragazze, eppure ogni sera guardo dei porno con ragazze perfette e l'idea di smettere di guardarli è troppo esile.

"Occorrerebbe un'adeguata educazione sessuale ai giovani... ma chi la può dare? La scuola? Non credo proprio sia l'ambiente migliore. La casa? Con il rapporto genitori-figli che vedo non lo credo possibile."

"Ciao, ho appena mandato in stampa la mia tesi: *La sessualità nell'era dei media. L'influenza della pornografia nel momento adolescenziale.*

"Vi giro un po' di dati dalla mia tesi:

"Secondo una ricerca inglese del 2008, che ha studiato la natura e la dinamica dell'esposizione giovanile alla pornografia, il 93% dei maschi del campione e il 62% delle femmine ha visto filmati porno prima dei 18 anni. Il motivo principale della visione di filmati porno è stato quello di cercare l'eccitamento sessuale (per il 69% dei maschi e il 16% delle femmine). A seguire, i ragazzi hanno rintracciato nel porno diversi modi di fare sesso (53% dei maschi, 26% delle femmine), e hanno cercato informazioni sul sesso (39% dei maschi, 19% delle femmine)...

"Da una ricerca americana... i risultati dimostrano un'alta correlazione (il 70%) tra l'esposizione alla sessualità, specialmente esplicita su internet, e il concetto di donna come oggetto sessuale. In particolare, è proprio l'esposizione dei maschi (più del 40%) al materiale audio-video esplicito ad alzare questa relazione. Questo clima generale di continua allusione sessuale e una dieta visiva di sesso esplicito porta a un grande aumento delle violenze sessuali commesse da adolescenti a danno delle coetanee: il dipartimento della giustizia minorile, elaborando dati Istat, ha infatti registrato un'impennata di stupri commessi da minorenni. Reati più che raddoppiati, che passano dai 329 casi del 1996 ai 679 del 2006.

"Intanto, i siti file sharing hanno iniziato la

loro scalata mediatica. Più la pornografia si sta normalizzando nella nostra vita, a livello sia culturale che legale, più aumentano i contenuti brutali, specialmente rispetto alla sottomissione e al degrado femminili.

"La tv non se la cava meglio: 'La maggioranza dei giovani guarda in media la televisione più di 2 ore al giorno. I messaggi sessuali si sono riscontrati nel 66% dei programmi, mentre nel 32% dei programmi sono presenti comportamenti sessuali. Ogni 7 programmi si intercorre in un programma che include scene di sesso fortemente esplicite'."

È facile intuire che i fruitori di questo materiale sono principalmente ragazzini o utenti già abituati al consumo di pornografia vera e propria. Altrettanto facile è immaginare l'effetto che un uso continuato e regolare di questo tipo di immagini rischia di avere sui più giovani: alienanti e decontestualizzate, possono diventare per non pochi minori la via per conoscere il corpo femminile prima ancora di incontrarlo realmente.

4.

Zittite, non zitte*

"Lei è una missionaria, crede che il mondo si possa cambiare!" mi grida l'autore televisivo.

"E poi scusi, avrò il diritto di invecchiare piacendomi," incalza la soubrette guardandomi nervosamente.

Seduta nello studio televisivo de *L'Infedele*, osservo gli ospiti della trasmissione che, chissà per quale motivo, gridano. Non so cosa rispondere.

Penso a padre Alex Zanotelli, che è, lui sì, un grande missionario e che con tenacia prova a cambiare il mondo. Quello dell'autore televisivo mi pare dunque un gran complimento, che non credo di meritare.

Mi trovo d'accordo invece con la soubrette: anch'io rivendico il diritto di invecchiare piacendomi.

Nella primavera del 2009 Gad Lerner contribuisce a dar voce alle donne e dà un impulso decisivo alla diffusione del nostro documentario invitandoci a presentarlo durante una puntata de *L'Infedele*, su La7. Decine di commenti hanno cominciato ad arrivare subito dopo al blog de *Il Corpo delle Donne*, attraverso il quale avevamo deciso di far circolare gratuitamente il documentario.

Dai dibattiti che sono seguiti e dai commenti arrivati al

* La frase "le donne italiane non sono zitte, le donne italiane sono state zitte" è stata pronunciata per la prima volta da Marsia Modola, esponente dell'Udi per la Calabria, nel corso di un'intervista.

blog è emerso subito il pensiero che considero una delle maggiori concause della diffusione della tv spazzatura e uno dei principali ostacoli al sorgere di un vero movimento di opposizione:

"Basta spegnere la tv".

"Sono rimasta scioccata, sono quindici anni che non guardo più la tv se si escludono programmi di approfondimento, e quello che ho visto nel documentario mi ha mostrato l'incredibile degrado che i cosiddetti programmi di intrattenimento hanno raggiunto. Penosi e tristissimi, soprattutto per noi donne, ma io direi per l'intera società. Tanto per cominciare, una cosa semplicissima ma efficace possiamo farla: non accendere più la tv. Se è vero che siamo il 60 per cento del pubblico, se ne dovrebbero accorgere..."

Ecco cosa proponevano quanti, intervenuti ai dibattiti o nel blog, apparivano come i più culturalmente preparati, cioè dotati di più strumenti – se non altro intellettuali – per comprendere.

Come se spegnere la tv fosse un gesto facile.

A me invece era, ed è, chiaro che spegnere la tv è un atto elitario.

In un paese dominato dai media, dove i giornali di pettegolezzi trasformano in idoli i personaggi televisivi, la tv rappresenta la forma di intrattenimento più diffusa e più economicamente conveniente. La situazione tutta italiana, con programmi centrati spesso esclusivamente sulla proposta ossessiva del corpo femminile, ha contribuito a formare un pubblico passivo il cui gusto si è modellato proprio sugli ultimi trent'anni di televisione.

Come potremmo pretendere, oggi, che questo stesso pubblico spenga la tv?

Cosa dovrebbe desiderare una quindicenne che da dieci anni guarda la tv in media tre ore al giorno, se non continuare a guardarla? Spegnerla è un atto che presuppone alternative a disposizione, che prevede, alle spalle, genitori che svolgono un'azione educativa, insegnanti capaci di trasmettere la passione per la lettura. Compito arduo e ingrato. È un percorso difficile, che richiede tempo e azioni congiunte. E come ben sappiamo, non tutti i giovani dispongono di figure di riferimento che possano seguirli; senza contare che spesso le figure adulte sono state a loro volta "educate" dalla televisione.

Non riconoscere questo contesto equivale a chiudere gli occhi davanti a uno dei problemi fondamentali della società italiana.

La televisione, è un dato di fatto, è ancora uno degli strumenti più potenti di formazione ed educazione o, se vogliamo, di non educazione. Spegnerla è dunque un atto che parte da lontano, da un percorso formativo riuscito, da un'educazione ad alternative migliori come la lettura o qualsiasi altro comportamento culturale che ci veda soggetti attivi. Negativa non è certo la tv in sé, in quanto strumento mediatico, ma lo è la deriva presa da molti anni dalla televisione generalista italiana, che ci imbriglia in uno stereotipo apparentemente immutabile. Davanti a un presentatore che ci umilia, o a una telecamera che indaga con perizia ginecologica tra le gambe di una ragazza, non esiste alternativa possibile se non intervenire drasticamente a livello autoriale e proporre un nuovo modello di televisione.

Il vero atto innovativo è, a mio avviso, guardare la televisione. Noi, insieme a chi la tv la guarda. Offrendo il nostro sguardo critico.

Molte scuole, molte associazioni, molte università ci hanno invitati da tutta Italia a proiettare il documentario.

La gente aveva voglia di dibattere, di discutere intorno al tema de *Il Corpo delle Donne*. Ce n'eravamo già accorti, con sorpresa, durante la prima, affollata proiezione organizzata da Arca 2000, associazione culturale milanese che ci ha ospitati con grande generosità e che mi ha fatto riflettere sull'importanza fondamentale di queste piccole associazioni, reali incubatori di idee innovative che, in silenzio e senza alcuna copertura mediatica, permettono di esistere a molte iniziative culturali e sociali.

Il documentario azzardava alcune ipotesi che venivano interpretate dalla gente come possibili risposte alle frequenti domande della stampa estera sulle ragioni del silenzio delle italiane: i giornalisti internazionali non comprendono come mai noi donne non ci ribelliamo davanti a una televisione denigratoria e a una imbarazzante commistione tra sesso e politica che spesso conduce ragazze belle e inesperte a intraprendere una carriera per la quale non sono adeguatamente preparate.

Il documentario si è diffuso con una rapidità inaspettata, quasi costituisse un centro intorno al quale finalmente riprendere un dibattito interrotto da anni.

"Perché le donne italiane non reagiscono?" mi chiedeva la giornalista del "New York Times": la stessa domanda che avevo posto a tutte noi, dunque a me per prima, nel testo del documentario. Io però ero reduce da un incontro a La Spezia dove decine di donne mi avevano comunicato la loro rabbia per l'immagine che di noi proponevano i media.

"Come mai in Italia non vi ribellate a questo maschilismo evidente?" chiedevano dalla tv austriaca, dal quotidiano svedese. Ma io ero appena tornata da un incontro all'Università Ca' Foscari, a Venezia, dove avevo partecipato a una giornata di interventi e dibattiti sul tema della rappresentazione delle donne nei media: ne era emerso un pensiero importante e profondo, tutt'altro che remissivo.

"È vero che fare la velina è l'obiettivo di molte ragazze italiane?" domandavano l'inviata canadese, il giornalista tedesco. E io, a Massa, avevo visto centinaia di studenti assistere con grande attenzione alla proiezione del documentario e partecipare con trasporto al successivo dibattito.

I giornalisti esteri si chiedevano come mai un paese che aveva espresso un movimento femminista importante come quello italiano non riuscisse più a esprimere un pensiero femminile autorevole.

L'"Observer" ha dedicato ampio spazio al "neofemminismo" che sembrava iniziasse a diffondersi in Italia. Le radio di tutto il mondo ci intervistavano. "Le Monde" è stato il primo a recensire Il Corpo delle Donne, seguito da numerosi quotidiani e televisioni internazionali. In Italia, l'interesse per l'apparente rinascita del movimento femminile pareva confinate alla rete e a pochi quotidiani.

"Non ci si ribella in pianta stabile," ricordava intanto

Luisa Muraro in un'intervista a Ida Dominjanni su Radio 3 (9 luglio 2009): "C'è anche un momento in cui si vive la propria libertà. E le donne italiane sono in gran parte impegnate sia ad affermarsi nella realtà, sia a prendere le giuste distanze. I rapporti tra i sessi sono già molto profondamente cambiati, e in questo momento la società italiana è uno straordinario laboratorio. Mi dispiace che la società dello spettacolo non lo faccia vedere. Non fa vedere questo straordinario lavorio per cui i rapporti dentro le famiglie, sui posti di lavoro, sono in trasformazione in senso favorevole alla libertà femminile".

La voce di molte donne si levava per affermare un altro modo di espressione che non fosse quello del corpo oggetto.

Il 2009 pareva indicare una rinnovata consapevolezza da parte delle donne: non ancora movimento con un percorso e una meta stabiliti, ma comunque un fermento che si diffondeva e pareva contagioso. Il 25 novembre 2008, giornata contro la violenza alle donne, da Niscemi (in provincia di Caltanissetta) era partita una staffetta dell'Udi, l'Unione donne italiane, che aveva poi viaggiato per tutta l'Italia, raccogliendo nel percorso centomila firme, fino ad arrivare a Brescia esattamente un anno dopo. Sempre in autunno, la Libreria delle Donne di Milano pubblicava un *Manifesto del lavoro* che tratteggiava scenari interessanti e realmente innovativi per il futuro del lavoro.

Qualche mese prima, insieme ad altre docenti universitarie italiane Chiara Volpato aveva lanciato un appello alle first lady invitate al G8 perché disertassero l'incontro dell'Aquila in segno di protesta verso la scarsa considerazione che il premier italiano mostrava nei confronti delle donne. Il 26 agosto 2009, il "New York Times" aveva pubblicato una accorata analisi, sempre della Volpato, della situazione delle donne in Italia che aveva destato una grande eco:

Al confronto degli altri paesi europei, in Italia le idee conservatrici sono dure a morire. In parte per la nostra famosa cultura patriarcale, ma anche a causa dell'enorme influenza della Chiesa cattolica, la cui ingerenza sociale e politica negli affari dello stato sembra essersi fatta ancora più pesante da quando Berlusconi è diventato primo ministro nel 1994. (La Chiesa, ad esempio, ha minacciato di scomunicare i medici che prescrivono la pillola abortiva e le pazienti che la usano.)

"Lei è più bella che intelligente," ironizzava mesi dopo il premier rivolgendosi all'attuale presidente del Partito democratico, Rosy Bindi. Cosa avrei risposto, ricordo di essermi domandata, a un uomo potente che mi avesse apostrofato così? Mi sarei sentita fragile? Avrei scelto la strada "da manager", risposta dura, da maschio?

"Presidente, io non sono una donna a sua disposizione." E Rosy ci ha riscattate tutte in un colpo.

La risposta della Bindi farà scuola, ho pensato. Presuppone centratura, consapevolezza del proprio ruolo, nessuna timidezza adolescenziale. Una dichiarazione di indipendenza dal giudizio maschile.

C'è una via di uscita alla battuta che ci immobilizza perché ci colpisce là dove siamo più sensibili e più fragili, nel nostro aspetto? Ci hanno insegnato che piacere è fondamentale: vale per tutte le donne, ma per le italiane in modo particolare. "La cura per il vostro corpo, l'importanza di essere belle a voi italiane vi blocca, vi impedisce di esprimervi veramente," mi ha detto la giornalista canadese che si era appassionata al nostro documentario.

"La Repubblica" intanto raccoglieva centomila firme come atto di protesta e al contempo di supporto all'onorevole Rosy Bindi.

In quei giorni ero a Praga, al Convegno internazionale di Winconference, dove davanti a un'assemblea di seicento professioniste, imprenditrici delle più importanti organizzazioni mondiali, presentavo *Il Corpo delle Donne* suscitando un interesse che mi giungeva inaspettato. Il documentario toccava profondamente donne che venivano da realtà diverse dalla nostra ma che ritrovavano in quelle immagini offensive un problema che, seppur in misura inferiore, interessava anche i loro paesi.

Non ho partecipato al movimento femminista degli anni settanta, ma da subito mi è apparso chiaro che c'era una differenza tra quella stagione e quanto è adesso in embrione: il modello economico liberista che ha segnato gli ultimi trent'anni ha influito anche sulle relazioni tra donne. C'è sì il desiderio di dare avvio a un movimento in grado di far rispettare i nostri diritti, ma il suo potenziale viene spesso diminuito da una evidente ed eccessiva competizione tra donne.

Nulla a che vedere con un normale bisogno di visibilità. Se ci riflettiamo, ricordiamo il movimento femminista come fenomeno plurale, ma difficilmente ricordiamo i nomi delle donne che lo hanno creato. Più forte della rivalità era il progetto di emancipazione comune.

Oggi, lo stesso bisogno di esserci e di "esistere attraverso l'apparire" che contraddistingue la società intera influenza anche le relazioni tra donne, portando a disperdere le energie che potrebbero invece essere raccolte intorno a un ideale comune.

Un post solo per donne

Nel documentario *Il Corpo delle Donne* denunciamo per venticinque minuti l'uso denigratorio e umiliante che la tv perpetua nei confronti del corpo femminile.
Il nostro interesse, il nostro focus, è solo ed esclusivamente sulla televisione e sull'immagine che delle donne rimanda.
Da parte nostra non c'è alcun interesse a indagare i comportamenti di qualsivoglia soubrette o velina: a questo fine esistono già svariati settimanali di pettegolezzi.
Tutte le volte che ci invitano a proiettare *Il Corpo delle Donne*, al documentario segue il dibattito. Tutte le volte che inizia il dibattito, la mia preoccupazione principale è NON rispondere alle domande sulle motivazioni che spingono le veline a fare le veline, le escort a prostituirsi per ottenere denaro e favori, Cristina a comprarsi due seni di plastica sesta misura, la Gregoraci a farsi dare il microfono in testa da Mammucari.
Mi sono convinta che molte donne vengono ai dibattiti solo per una ragione: scagliarsi con rabbia contro le summenzionate.
A un dibattito a Milano, pubblico chiaramente colto e "di sinistra" (per quello che ormai può voler dire), la maggior parte delle donne erano spazientite perché ho dichiarato il mio disinteresse a occuparmi delle escort del premier.

Così come ciclicamente ricevo commenti al blog che imputano la "colpa" dell'orrore tv alle ragazze schedine, veline, letterine ecc., facendo diventare un'accusa a un mezzo potente, cioè la critica che il nostro documentario attua nei confronti della tv, una lite tra il pubblico e la valletta di turno.

Se fosse possibile, ma non lo è, mi piacerebbe che la lettura di questo post fosse concessa solo alle donne, così, per trovare riparo dagli occhi maschili e poter ammettere con comprensione reciproca le nostre debolezze.

Cosa ci tiene ancora attaccate a questa misoginia tra simili? Che cosa accade nella testa di donne mature, colte, sensibili che le porta a scagliarsi contro donne giovani e inconsistenti, ritenute colpevoli di essere figure che umiliano le altre donne?

Dichiara durante un dibattito una nota femminista di cui conosco la fine intelligenza: "Io voglio esaminare il caso escort e premier poiché mi sento offesa dal comportamento di queste donne". Perché, chiedo io?

La prostituzione esiste da sempre, ci offendiamo per tutte le prostitute del mondo? Altre donne si offendono e si scagliano contro le ragazze che offrono sesso in cambio di una posizione in politica. Perché? Gli uomini si offendono per le migliaia di favoritismi a cui assistiamo giornalmente? Per ministri uomini che ricoprono la carica per amicizie, favori, scambi ecc.?

Qual è la differenza? Che le donne in cambio danno il corpo? Allora dovremmo scandalizzarci per tutte le prostitute che da sempre vediamo in strada?

A me non preme affatto capire le motivazioni delle veline. A me preme capire perché c'è una tv che dà spazio a soggetti non interessanti che offrono un'immagine degradante delle donne. A me preme capire perché c'è un sistema politico che sceglie le candidate in base alla taglia e non alla competenza. Contro questo grave malcostume ci battiamo.

Ritengo che il mio ragionare sia semplice e certo molto condivisibile.

Come mai, chiediamoci tra di noi, al riparo da sguardi maschili che speriamo non leggano, come mai questa rabbia?

Quando è chiaro che la responsabilità dello sfacelo tv non è da imputarsi a un centinaio di ragazzotte, immagino increduli di poter avere successo e denaro solo dimenandosi un po'.

È la tv e chi la tv la fa e la gestisce a essere colpevole di dare spazio all'incompetenza e alla volgarità.

Basterebbe cambiare i casting: da domani, in tv solo competenti con capacità di entertainment; in un attimo scomparirebbero le decine di subrettine, e si farebbe spazio alla professionalità.

Quindi, cosa c'è dietro?

Cosa fa sì che sia tristemente vero che in un'azienda, se ci sono cento dirigenti uomini e due dirigenti donne, queste ultime si sentono più in competizione tra loro che verso gli altri novantotto uomini?

Cosa ci portiamo dietro da millenni di sottomissione, quando importante era trovare un uomo, spesso un uomo qualsiasi, che ci scegliesse?

Sentiamo ancora quella competizione tra simili?

Questo post sul blog *Il Corpo delle Donne* ha suscitato molti commenti. Le donne riconoscevano che il problema era reale ed era quello che spesso ci impediva di avanzare:

"Sono italiana ma vivo da più di un decennio all'estero. La coesione tra donne che c'è in Francia, per esempio, è diversa e più forte che in Italia. L'associazionismo femminile è in Francia la base di ritrovo e di discussione di molte donne. Questi gruppi aiutano e sostengono le donne per un'integrazione sociale: lavoro, maternità, problemi di peso, contro la violenza coniugale, contro le pubblicità sessiste... se ne può trovare per ogni necessità. In Italia non ci si riunisce fra donne: si ha paura di essere stigmatizzate, anche la parola 'femminista' fa un effetto non certo positivo. Quello che si vede tra le donne italiane, dal mio punto di vista estero, è una mancanza di autostima e un correre tutte nella stessa direzione. Si cerca una legittimazione nel lavoro, nell'uomo che si riesce a sposare, nei figli che si riesce a partorire... ma raramente ho visto donne italiane felici di essere quello che sono, magari sole, senza cercare continue conferme pubbliche. Quando parlo con le mie amiche francesi, spesso sento questo commento: 'Voi italiane! Tutte belle e tutte uguali! In Italia non si ha più il coraggio di essere diversa, di riconoscersi e accettarsi per quello che si è'. Quando sono arrivata in Francia quindici anni fa, invidiavo la loro capacità di sedersi a un tavolino al bar da sole, con un libro in mano: e nessuno che le disturbasse... L'accettazione pubblica rimane la legge alla quale ci si deve assoggettare in Italia, e piano piano ci si adegua, tradendo il proprio sé. Il vecchio discorso che lessi tanti anni fa in *L'uomo a una dimensione* di Herbert Marcuse. Al di là della donna televisiva, che è un prodotto di consumo come potrebbe essere un detersivo, da noi manca un concetto di libertà...".

E così continuava Lia, un'altra lettrice del blog:

"Perché le donne sono più in competizione? Perché avendo molto poco potere la lotta deve essere più dura e più spietata e non ci possiamo permettere distrazioni o concessioni. I posti sono pochi, in qualunque contesto. Dietro ogni donna, in fondo, si può nascondere la rivale. La nostra rabbia deriva dal fatto che sperimentiamo quotidianamente quanto lavoro in più ci portiamo sulle spalle, quanto più grande è la nostra capacità di affrontare i problemi, la vita, il dolore, la verità. E allora perché abbiamo sempre meno? Perché sgobbiamo come matte? Perché per ottenere lo stesso riconoscimento dobbiamo impiegare il doppio del tempo e delle energie di un uomo? Perché siamo sempre all'ombra di qualcuno? Dunque non possiamo che essere molto piene di rabbia e secondo me lo siamo con noi stesse perché non abbiamo ancora trovato il modo per sottrarci ai mille gioghi che ci portiamo dietro, perché non abbiamo portato avanti il discorso cominciato con il femminismo, perché non lo abbiamo sviluppato come avremmo dovuto, perché non siamo state capaci di andare fino in fondo e trovare li-

bertà e insieme femminilità, il coraggio della nostra diversità e della nostra capacità.
"Vedo donne ripiegate e avvolte su loro stesse, ma
hai visto mai: e se apro le ali e il mio uomo le
vede e si impaurisce e scappa? E se misurano con
mano certa quanto sopportiamo e lavoriamo, non è
che gli prende il terrore e non sanno più cosa fare? Non siamo abituate al potere, non abbiamo ela-
borato ancora il nostro modo di gestirlo e sicuramente ne abbiamo anche paura, perché implica
un'autonomia che non abbiamo. Intanto ci spoglia-
no, ci siliconano, ci imbellettano, ci tingono i
capelli, ci espongono, ci guardano e insistono per
farci credere che è quello il nostro potere. E allora la rabbia per quelle donne che, mostrando di
accettare tutto questo, ci pongono di fronte lo
specchio del nostro quotidiano abdicare. Questa
mancanza di coesione sta certo alla base della nostra invisibilità".

Spesso avveniva, e avviene tuttora, che ogni quotidiano,
ogni associazione, ogni blog cominci la sua personale battaglia senza tener conto di quanto altri stanno portando
avanti. Basterebbe contarci: se tutte le donne che hanno fir-
mato l'appello di "Repubblica", quelle che si sono ritrova-
te intorno al dibattito sul silenzio delle donne avviato
dall'"Unità", Sofia Ventura di Fare futuro (tra le prime a denunciare il fenomeno del velinismo), le donne dell'Udi, dei
corsi Donne Politica e Istituzioni di diverse università, delle Librerie delle Donne e molte altre ancora, cioè quelle donne appartenenti alle associazioni che hanno intrapreso iniziative a favore dell'emancipazione femminile, e quelle dei
mille blog e siti che svolgono un importante lavoro di in-
nalzamento del livello di consapevolezza sulle tematiche di
genere, se tutte queste donne si coordinassero in un unico
movimento, è certo che i risultati che ci proponiamo sarebbero facilmente raggiunti. Sarebbe una soluzione tem-
poranea, certo, l'aggregazione per sesso non è sufficiente a
creare gruppi coesi nel lungo periodo, ma di sicuro potrebbe
rappresentare un'ottima strategia di conquista di posizioni chiave nell'immediato.

Una cosa comunque era evidente fin dalle prime settimane di incontri e confronti: le donne parlavano, eccome. Parlavano molto sui blog. In rete si parla tanto di donne e fra donne. La rete ci permette di stare in contatto continuando a occuparci delle molte cose che da noi dipendono. E i blog si fanno spesso promotori di iniziative di protesta e di cambiamento. Secondo l'Italian Digital Women Report dell'European Interactive Advertising Association, pubblicato nel novembre 2009, le "navigatrici" italiane sono oltre otto milioni, e cioè più del 30 per cento della popolazione femminile. Il tempo medio settimanale speso on line dalle donne italiane è aumentato dell'89 per cento dal 2004 al 2008 ed è in costante aumento. In particolare, le donne dai sedici ai trentaquattro anni passano più tempo su Internet che davanti alla tv. E, come riportano le conclusioni della ricerca dell'EIAA: "Le donne italiane si muovono in rete. Spendono sempre più tempo on line. Internet rende le donne più consapevoli".

Le donne, dunque, non erano in silenzio: i numerosissimi commenti inviati al blog *Il Corpo delle Donne* erano lì a dimostrarlo.

Parlavano nei tantissimi dibattiti in tutta Italia a cui ci invitavano.

Parlavano sui pochi giornali che alle donne davano spazio; sull'"Unità", in particolare, dove per settimane avevano trovato visibilità le opinioni di molte donne sul tema del nostro presunto o reale silenzio.

Quando è stata riportata da tutte le televisioni, e con grande enfasi, la proposta di rimuovere il crocifisso dalle scuole italiane, in poche ore, a ogni giornalista, esperto, professore, intellettuale è stato chiesto cosa pensasse di questo provvedimento. Settimane prima, il dibattito intorno al corpo delle donne era stato recensito solo da pochi media. Davvero la rappresentazione femminile nei media è un tema meno interessante del crocifisso?

Il Censis ha svolto un'importante ricerca, *Donne e media in Europa*, che può fornire un'interessante indicazione sulle ragioni dello scarso interesse, in Italia, verso tutto ciò che riguarda l'emancipazione delle donne:

Quello che in molti paesi europei ha prodotto un serissimo dibattito culturale e normativo, nel nostro paese, al di là di alcuni pregevoli tentativi, appare ancora come un "tema di frontiera" o, peggio ancora, un tema da suffragette nostalgiche di un femminismo ormai trapassato.

Stenta in Italia ad affermarsi il principio che una rappresentazione "plurale" delle donne, una rappresentazione non offensiva della loro dignità, non volgare, non reificante (cioè che non la riduca sempre e solo a oggetto sessuale) è un diritto costituzionale, quel diritto che afferma in tutte le Costituzioni dei paesi democratici che ogni cittadino ha diritto a non essere discriminato per ragioni di sesso, etnia, convinzione religiosa.

A ben guardare, e confrontando le informazioni raccolte nei diversi paesi, si possono individuare alcune tipologie di intervento:

– i paesi di "tradizione": Paesi Bassi, Svezia, Inghilterra condividono un'antica sensibilità sul tema dei diritti civili. Questo comporta un'inclusione profonda della sensibilità al tema delle pari opportunità uomo-donna negli assetti normativi, nelle politiche di governo, nelle iniziative istituzionali. E il tema delle pari opportunità, essendo declinato in maniera trasversale, prevede "naturalmente" l'attenzione alle rappresentazioni della donna nei media;

– i paesi "sempre in lotta": è il caso della Francia, che da tempo ha maturato sensibilità normativa e un associazionismo civile intraprendente, ma dà l'impressione di combattere una battaglia impari di fronte a un'offerta aggressiva editoriale e di mercato che non ha troppi riguardi per le donne;

– i paesi "all'offensiva": è il caso della Spagna, un caso forse unico che a fronte di una condizione femminile in cui si avverte forte il senso di prevaricazione (non si spiegherebbero altrimenti le numerose campagne di sensibilizzazione contro la violenza domestica alle donne), sta producendo sia a livello nazionale, sia a livello locale una notevolissima produzione di leggi, codici di autoregolamentazione, best practices, per affermare una rappresentazione della donna maggiormente dignitosa e attenta ai suoi diritti, che spazzi via i vecchi stereotipi cui viene riconosciuta esplicitamente la funzione di controllo sociale dell'uomo sulla donna;

– i paesi "sorpresa": la Slovenia è un esempio. A fronte di un grado di sviluppo ancora problematico, manifestano sul piano dei diritti delle donne una consapevolezza imprevedibile;

– i paesi "in resistenza": Italia e Grecia, che pur presentando iniziative significative appaiono "in resistenza", come se la rappresentazione stereotipata della donna fosse un tratto antropologico fortemente radicato su cui non vale la pena avviare politiche evolutive.

Da più parti si lamentava la carenza di modelli alternativi a quelli di "ragazza oggetto", la mancanza di figure a cui ispirarsi:

"Mi chiamo Letizia, ho 17 anni, anche a me non piacciono i modelli proposti dalla tv: mi può dire per favore dove trovo gli altri modelli? Grazie".

Quindi, da una parte c'era l'oscuramento che i media perpetuavano nei confronti delle iniziative femminili, unito a una diffusa incapacità da parte delle donne di fare lobby, di agire congiuntamente, almeno per il tempo necessario alla conquista dei nostri diritti. Ma, più di tutto, restava una perniciosa incapacità a ritenere la richiesta di parità di diritti tra uomini e donne degna di reale considerazione. Come, quindi, rendere plausibile la richiesta che giunge da più parti di utilizzare la televisione come strumento di proposizione di una molteplicità di modelli di femminile a cui le giovani possano ispirarsi?

"Spesso io credo che la sensazione di inadeguatezza che abbiamo è dovuta anche al fatto di non avere più modelli di riferimento adulti. Io ho 42 anni e alla mia età le donne televisive hanno una faccia diversa dalla mia, diversa in tutto nel bene e nel male."

"Ariel Levy in *Sporche femmine scioviniste* scrive: 'A differenza delle donne che erano già adulte ai tempi del femminismo, o se non altro quando il messaggio del femminismo era ancora vivo, nella memoria della Nazione, le adolescenti hanno solo il presente. Non hanno conosciuto un periodo nel quale [...] le adolescenti non si rifacevano il seno, le pornodive non erano in cima alle classifiche, quando le spogliarelliste non godevano di tutta questa popolarità [...]. Niente di tutto ciò appare ironico agli adolescenti, perché è la sola realtà che conoscono e non c'è nessuno sfondo di idealismo a smussarla'. Cosa possiamo fare?"

"Possiamo proporre alla televisione di trovare, definire e soprattutto eroicizzare un'immagine di donna diversa?"

Poi c'erano altri motivi, per me lampanti, che rispondevano alla domanda "Perché le donne italiane paiono, e talvolta sono, zitte?", ma a cui pochi facevano riferimento: ed era il numero di ore che le donne italiane lavorano in più rispetto alle altre donne europee.

Una sera, chiacchierando al telefono, un'amica mi ha detto: "È vero ciò che dici delle donne italiane, anch'io mi accorgo che dovrei reagire di più. Però sono stanca. Ora, per esempio, mentre tu mi parli di inviare mail di segnalazione alle aziende sulle pubblicità lesive della nostra dignità, io sto stirando. Credo che diventare consapevoli sia ormai un lusso".

E forse lo è, se consideriamo che una donna continua a essere responsabile della gestione della vita domestica anche quando svolge un lavoro fuori casa.

Incontravo tante donne nei dibattiti. C'è un bisogno estremo di confronto che la politica non pare in grado di recepire. Alcune regioni, come la Toscana e l'Emilia Romagna, sembrano particolarmente attente a creare luoghi di aggregazione sia per i giovani, organizzando incontri nelle scuole, sia per gli adulti. E tutte le volte ripeto la domanda finale del documentario: "Di che cosa abbiamo paura?".

Domanda che in questi mesi ha lasciato perlopiù confuse e silenziose le tante partecipanti alle discussioni.

Durante la puntata de *L'Infedele* del 4 maggio 2009 in cui ero ospite, quando è stata mostrata l'immagine finale del documentario – una ragazza appesa a un gancio circondata da prosciutti e marchiata sul sedere –, la politologa Sofia Ventura ha fatto notare che, se al posto della ragazza ci fosse stato un uomo di colore, il giorno dopo sarebbe partita, giustamente, una protesta unanime da parte di uomini e donne. Perché dunque questa immagine, e tante altre simili, non suscitano una protesta sentita da parte delle donne?

"Un'ipotesi ce l'ho: è la paura di essere considerate bacchettone, di dare l'impressione di avanzare proteste ormai vecchie e stantie. È lo stesso principio per cui 'femminista' è diventato quasi un'offesa, un sinonimo di mancata femminilità, laddove per femminilità evidentemente si intende solo dolcezza, bellezza, mansuetudine."

"Non ci ribelliamo perché in fondo tutte vorremmo ottenere il consenso maschile, e il modo più diretto e meno impegnativo per farlo passa attraverso l'aspetto fisico."

Abbiamo paura di perdere consenso. E io dunque propongo: perdiamolo. Cosa ci guadagniamo a mantenerlo? Quanto ci costa in sofferenza e finzione mantenere l'approvazione degli altri? E quanto vale il consenso, se ci obbliga a fingere di essere chi non siamo?

Tempo fa mi trovavo nell'ufficio del direttore di una grande azienda. Sulla sua scrivania era in bella mostra "Panorama", con in copertina la solita ragazzina nuda, coperta solo dalla tastiera di un computer, e la scritta TOCCAMI. Alle sue spalle campeggiava il calendario Pirelli, aperto sul mese di ottobre: solita donna nuda, in Africa però, che pare faccia meno guardone. Prima di entrare in azienda, di fronte all'entrata principale, avevo notato il consueto, enorme cartellone pubblicitario con una ragazza sdraiata, praticamente nuda. Riflettevo, mentre peraltro il direttore mi ascoltava con attenzione, che, pur senza voler fare le moraliste – atteggiamento che non mi appartiene –, noi donne partiamo svantaggiate rispetto agli uomini che lavorano con noi e che spesso giudicano il nostro operato: l'idea che l'uomo davanti a me ha delle donne si è formata anche attraverso la rappresentazione che i media danno di noi. Certo, potrà avere stima di me, essere ottimamente influenzato dalla mia presentazione; ciò nonostante, sul tavolo davanti a lui c'è una mia simile nuda in copertina, alle sue spalle ce n'è un'altra sul calendario e dalla finestra ne vede un'altra ancora, nuda anche questa.

Per essere credibile, per farmi ascoltare, per far valere le mie idee, dovrò darmi da fare di più rispetto a un uomo: è inevitabile. Dovrò innanzitutto rendermi credibile ai suoi occhi come donna, e al di là delle mie parole, perché nel suo immaginario di uomo, e di uomo italiano in particolare, alberga *quel* tipo di femminile. Che a mio avviso non avrebbe niente di negativo in sé, se non per il fatto di essere proposto come modello unico e onnipresente.

"Scusi, lei è femminista?" è la domanda che mi viene rivolta più spesso ai dibattiti. E onestamente non so più che dire. Mi ritrovo, io che femminista militante non sono mai stata, io che mentre le mie simili combattevano anche per i miei diritti ero già in azienda, mi ritrovo a rispondere che sì, sono femminista.

Anche se oggi, circondati come siamo da preconcetti e stereotipi, è difficile definirsi tali. "Le femministe sono vecchie arrabbiate con il mondo e gli uomini," mi dicono le ragazze ai convegni.

"Io sono femminista con fatica. Sono gratissima a tutte le apripista, a mia mamma ora dirigente in pensione, che quando lavorava aveva cento dipendenti e rotti e da lei dipendeva un pubblico istituto, e alle femministe che hanno fatto molte cose importanti non solo per la mia vita lavorativa ma anche per la mia vita privata: oggi io posso amare. Oggi io posso smettere di amare. Oggi ho sposato chi amo. Si sottovaluta, si mette tra parentesi l'importanza enorme che ha avuto il femminismo sui costumi quotidiani. Siamo tantissime cose, noi, prima di essere soggetti professionali. Siamo soggetti emotivi, soggetti sessuali, e il femminismo ci ha restituito la soggettività di questa dimensione. Non smetterò mai di essere grata. "Tuttavia, io mi occupo di gender studies e ambisco a farlo professionalmente. Ho masticato molti testi sacri del femminismo — e devo dire che di sputare su Hegel [riferimento a *Sputiamo su Hegel*, di Carla Lonzi, *N.d.A.*] non ho la minima voglia. Amo Hegel, tiè, e ho ben altro su cui sputare. Sputo sulle mamme di chi stupra e che dice, 'eh, la ragazzina se l'è cercata'. C'è un certo femminismo, la cui rabbia è stata operativa, ma nei cui modelli non mi riconosco, e di più — li trovo deleteri. L'estremizzazione della conflittualità col maschile, la vittimizzazione di default del femminile. La demonizzazione della dimensione sessuale. Una specie di nevrosi eretta a sistema culturale e legittimata dalle circostanze storiche:

per non parlare del linguaggio utilizzato, mio padre che accompagnava me e mia sorella a scuola e la femminista gonnellona che viene e gli fa: 'Maschio — non ti vergogni di essere maschio?'. Fino all'arroganza micidiale con cui ancora oggi certe femministe giudicano certe scelte di vita. E ancora, sono femminista di un femminismo che è una forma mentale che è propria di molte donne, ma anche di molti uomini, che non saranno altrettanti (ho avuto un'esperienza tremenda, Lorella, recentemente) ma sono molti, e non di un femminismo delle donne contro gli uomini, che mi fa arrabbiare e lo detesto. Quando sono stata a Telefono rosa, a fare volontariato per le vittime di violenza intrafamiliare e no, una cosa importante da fare era appunto, specie nei casi in cui era il marito il carnefice, la cosa importante era emanciparle dalla parola 'vittima' e portarle alla comprensione della compartecipazione a un sistema psicologico prima che culturale. Solo così si faceva qualcosa di utile. Senza questo e solo con il martirio le donne abusate sapete che fanno, non dico sempre ma quasi? O rimangono col carnefice, e se lo piantano se ne trovano uno simile,"

commentava al blog una lettrice, mentre un'altra così continuava:

"Non facciamo l'errore di autodefinirci con un termine semanticamente così netto in questo percorso di crescita comune... Molta gente scevra da qualsiasi ideologia si sta avvicinando a questa causa e non si riconosce in questo termine. E per convincerla del contrario potreste metterci una vita. Invece di indirizzare i nostri sforzi a rivalutare una parola, concentriamo piuttosto le nostre energie affinché le nostre parole facciano aprire gli occhi a chi ancora non vuol vedere. Quando il dialogo è proficuo? Quando nessuno degli interlocutori pensa di essere nel giusto ma si mette allo stesso livello dell'altro. Ma per far questo devi ragionare su piani comuni. Se incominci a dire 'io sto di qua' ti poni già in un rapporto di scontro e non di incontro. So che è difficile, ma il modo migliore per arrivare alla fine degli -ismi non è utilizzarne uno perché il mezzo è il fine.

Ce lo ha insegnato Gandhi: 'Sii il cambiamento che vorresti vedere nel mondo'. Se voglio un mondo senza -ismi devo provare a vivere senza -ismi io per prima. La definizione non aiuta, schiera. Io sono così e dunque mi chiamo così, e tu? Vi siete mai chieste perché le iniziative dei cosiddetti movimenti femministi hanno avuto così poca eco negli ultimi anni mentre questo documentario invece sì? Io credo perché questo documentario non giudica, non definisce e si autodefinisce, perché usando le immagini e le domande prima delle risposte entra nella vita di tutti, nelle case di tutti: dopo questo documentario non puoi più pensare che la cosa non ti riguardi, anche se sei un maschio e sei lontano anni luce da questo universo. Perché il documentario ha parlato solo di cose che ti riguardano nella vita di tutti i giorni senza possibilità di essere etichettabile come 'di parte'.

"È importante capire il passato, è importante conoscerlo, è importante rispettarlo.

"Ma poi si va avanti e la parola, le parole con cui si decide di farlo non sono importanti, sono fondamentali. La parola fa, la parola è creatrice.

"Prima di definirci, non dovremmo capire meglio chi siamo?"

Le più giovani parevano aver bisogno di una revisione sia della definizione "femminista", sia delle modalità di diffusione del pensiero e delle azioni che scaturivano da ciò che del femminismo rimaneva. Ma a chi mi scriveva che tra chi si dichiarava femminista e chi se ne dissociava c'era uno scarto generazionale, rispondevo:

"Non credo sia generazionale. E questa del generazionale mi pare una bella gabbia. Io rispetto le femministe, ma come ho scritto le frequento solo da un anno. Non condivido con loro la rimozione che mi pare venga troppo spesso fatta del corpo, una certa rigidità nelle relazioni in alcune, un elitarismo intellettuale che ha impedito la diffusione del loro messaggio, e la poca gioia che esprimono altre, gioia del femminile che io sento profondamente. Così come sento profondamente la sessualità gioiosa, che non riscontro in molte di loro. Ciò nonostante, leggo Lea Melandri o Luisa Muraro e rimango fulminata dalla bellezza del loro pensiero. Vi invito a fare altrettanto. Prendete il bello, che è tanto. Infischiatevene del resto. L'altra sera ero a una riunione non riuscita di un circolo femminista. Due ore sono passate, sono uscita e ho pensato: 'Stasera non è andata bene, sarà per un'altra volta' e... sono andata a ballare. Immagino che nessuna di loro mi avrebbe seguita. Settimana prossima provo a rivederle, magari mi va meglio. È la vita. In azienda, il 60 per cento delle riunioni erano noiosissime. Il grande amore che ho avuto, da perderci il senno, dopo un anno era fantastico al 30 per cento, per il resto era pedantissimo. La vita ce la costruiamo noi: si tratta di mettere insieme le parti giuste. E, ripeto, non rischiamo di buttare il bambino con l'acqua sporca".

Sì, sono femminista, comunque.

Temperando però con un sorriso la durezza che oggi questa parola sembra contenere. Ecco, sono femminista e sorrido.

E quindi, se dovessi trarre una conclusione dopo questi mesi di incontri e cercare di rispondere alla domanda posta nel documentario, "Di che cosa abbiamo paura?", direi che abbiamo paura di non piacere. Abbiamo paura di non essere accettate così come siamo. E forse, in ultima analisi, di restare sole.

Non importa, vorrei dire alle ragazze che incontro in giro per l'Italia, non importa se non piacciamo a tutti. Accettiamo di non piacere, almeno per un po'.

Per il tempo necessario a far sì che anche in Italia, paese "in resistenza", si cominci a considerare una donna che rivendica i propri diritti, diritti sanciti dalla Costituzione, semplicemente una *persona* che rivendica i propri diritti.

La sorpresa più grande e più gradita è stata il coinvolgimento delle giovanissime e, sorprendentemente, dei ragazzini che ci scrivevano per esprimere le sensazioni provate durante la visione del documentario e il loro bisogno di modelli alternativi:

"Da sedicenne mi sento in dovere di dirvi grazie per la meravigliosa trasmissione di ieri sera [*L'Infedele* del 4 maggio 2009, *N.d.A.*] e per avermi restituito la speranza di un futuro un po' meno umiliante".

Le ragazze nate negli ultimi vent'anni sono spesso cresciute, sole, davanti a uno schermo, all'interno di famiglie perlopiù inconsapevoli dei danni provocati da un uso eccessivo e indiscriminato della televisione. Chi ha visto le interviste alle famiglie dei partecipanti del *Grande Fratello* comprende bene che la rincorsa a una professione che permetta di apparire in tv è un obiettivo condiviso, la soluzione – apparentemente – a tutti i problemi. "Se non appari non esisti" sembra essere il loro motto:

"Mi chiamo Martina, ho sedici anni. Da tempo pensavo quello che lei dice nel documentario, ma non avevo le parole per dirlo. La televisione è stata la mia balia: mia mamma mi ha dato questa balia. Ora sono più consapevole ma mi sento orfana".

Arrivavano però anche messaggi di questo tenore:

"Nata tra l'83 e il '90, e per fortuna salva! Vorrei dire che, oltre alle migliaia di ragazze che si recano a fare i provini del *Grande Fratello*, ce ne sono altrettante, credo e spero molte di più, che lavorano e studiano con umiltà. Però queste ragazze non danno nell'occhio, non attraggono l'attenzione e quindi si fa di tutta l'erba un fascio. La loro vita non è sprecata, ma è resa ardua da una cultura mediatica poi diffusa in tutti gli strati della società che mette l'aspetto esteriore prima di tutto e le fa sentire spesso inadeguate".

"Davvero complimenti per l'efficace documentario [...]. Gli psicologi dell'infanzia e dell'adolescenza insegnano che ciò che più influisce sulle modalità di comportamento dei giovani è ciò che essi vedono [...] in salita essendo qualunque tentativo di recupero educativo a parole svolto dai genitori o da altri educatori."

"Abbiamo in programma un'assemblea d'istituto sul tema delle pari opportunità tra uomini e donne. Basta uno sguardo anche rapido alla situazione nazionale per capire come sia un'emergenza in tutto il paese, ma, senza essere tragici, penso di poter affermare che nella mia provincia, abbastanza estesa e poco abitata, con miriadi di paesi con meno di 200 abitanti, è un'esigenza ancora più grave. Purtroppo qui, in una zona di poca povertà, ignoranza sconfinata e molto benessere, domina l'arretratezza culturale e le ragazze, non solo le donne, non hanno generalmente una coscienza di quanto dovrebbero contare. Spero vivamente tu riesca a partecipare. Indipendentemente da quale sia la tua risposta, approfitto di questa mail per rivolgerti sinceramente i miei complimenti per il tuo impegno. Sono convinto, e non potrei non concedermelo a diciotto anni, che grazie a te prima o poi anche l'Italia riuscirà a raggiungere un livello decente nella parità, non solo tra sessi."

E non potrei non concedermelo a diciotto anni. Ecco, tutto può ricominciare da qui, con questo "concederselo". Concedersi di crederci, di avere degli ideali, di ripensare il mondo. *A diciotto anni*, scrive Simone. E anche a quaranta, cinquanta, sessanta e ottanta, aggiungo io.

Emergeva dalle donne giovani il ruolo importante di un confronto anche positivo sul corpo.

"Sono venuta ad ascoltarla perché l'ho vista in tv e mi è piaciuta, lei si trucca e si veste come una donna. Per me il corpo è importante," mi dice una diciottenne all'Università di Brescia.

Le ragazze vogliono esprimersi attraverso il corpo.

Per loro è una necessità forte e imprescindibile.

L'espressione del femminile attraverso il corpo è una tappa fondamentale per l'evoluzione delle donne e la condivido totalmente.

Silvia ha ventidue anni, bionda, alta, bella. Frequenta l'università e ogni tanto alla sera lavora come baby-sitter. Le ho dato il dvd de *Il Corpo delle Donne* già da qualche settimana perché il suo parere mi interessa; passano i giorni, ci incrociamo, Silvia abbassa gli occhi, saluta e si allontana. È chiaro che è imbarazzata, probabilmente il documentario non le è piaciuto.

Finalmente una sera la fermo e lei, occhi bassi, spiega. Spiega che non è che il documentario non le sia piaciuto, in parte è vero ciò che viene detto... però... forse siamo un po' troppo severi... Sorride. "In questi giorni," mi dice, "va in onda una pubblicità di biancheria intima che mi piace moltissimo. C'è una ragazza stupenda che balla in mutandine e reggiseno, è bellissima, si muove come una dea, è sexy... Questa no, vero?" mi chiede. "Questa pubblicità va bene, questa ce la lasciate?"

Belen parla di ecologia. Belen recita Márquez. Belen sale le scale del trampolino con la telecamera tra le cosce. Belen si toglie il copricostume. Belen sorride radiosa.

Belen Rodriguez non appare mai succube delle situazioni spesso imbarazzanti in cui gli autori delle trasmissioni la costringono. Riesce a esserne scanzonata padrona. Se c'è una certezza che emerge dalla visione di *Sarabanda*, trasmissione quotidiana di Canale 5, è che la vera valletta è Teo Mammucari, che in teoria dovrebbe esserne il conduttore. Belen in bikini riesce a dominare la scena molto più di Mammucari in giacca, ed è una grande novità. Flavia Vento sotto il tavolo ci provocava indignazione anche per il suo sguardo smarrito e sottomesso; la nostra reazione era di rabbia verso chi in quella posizione la umiliava.

Belen invece conosce le potenzialità del suo fascino e ci gioca con leggerezza, forte del potere del suo corpo sul pubblico maschile e femminile.

È da sempre enorme il potere d'attrazione del corpo delle donne, oggi però ne abbiamo più consapevolezza e ne restiamo noi stesse sorprese.

In particolar modo le giovanissime, come Silvia,

paiono godere di questa scoperta: la loro è forse la prima generazione a nascere e crescere dentro un corpo liberato che non ha dovuto lottare per uscire da costrizioni e sottomissioni millenarie. Io credo ci sia qualcosa di vero e forte in questa scoperta.

Intendo che Silvia, Belen e molte altre si avvicinano a una scoperta potentissima senza riuscire a portarla a compimento.

Per secoli abbiamo assoggettato il corpo alla mente. A tratti oggi il corpo pare finalmente ribellarsi, liberarsi, aprirsi a nuovissime esperienze portandoci a scoperte rivelatrici.

Anni fa frequentai un corso sull'implemento delle potenzialità creative con un grande maestro, Dominic De Fazio, insieme al quale sondavamo la possibilità di percepire ed esprimere la vita attraverso i corpi.

Spesso per me il lavoro era frustrante, imprigionata com'ero da anni dominati dalla mia mente ingombrante.

Un giorno, dopo sei ore di training faticoso, salivo le scale del condominio in cui vivevo, a testa bassa. Arrivata al secondo piano alzai gli occhi verso la finestra che stava davanti a me e, intendo veramente ciò che scrivo, per la prima volta vidi il cielo. Fu in assoluto una delle emozioni più grandi della mia vita.

La scoperta del corpo, e non è una novità assoluta ma per noi donne può esserlo, è foriera di cambiamenti rivoluzionari e conduce a cammini di percezione e conoscenza grandiosi.

La televisione attrae proprio per la sua proposizione ossessiva di corpi, lontani però da ogni forma realmente espressiva appunto perché imprigionati in gesti ripetitivi e costretti dalla finzione intrinseca al mezzo televisivo.

È importante non arrestare il cammino verso l'espressione del corpo che molte donne stanno intraprendendo, anche attraverso la proposizione di percorsi di ricerca alternativi al mezzo televisivo.

Questo post pubblicato sul blog ha suscitato molti commenti positivi e anche molte critiche. Da una parte, c'era chi si riconosceva nel bisogno delle ragazze di trovare una forma espressiva attraverso il corpo che poteva anche transitare per l'esposizione televisiva. Dall'altra, c'era chi si scagliava contro la rappresentazione del corpo in tv in modo totale, senza voler nemmeno ipotizzare che ci sia qualche differenza tra i diversi corpi esposti, che sia necessario fare un distinguo tra corpi sottomessi e umiliati e corpi esibiti in modo attivo.

"Io non so se la prospettiva e il desiderio di Silvia siano la pubblicità. Credo che Silvia parli della potenza del corpo, e della scoperta di questa potenza, che è importante per tutti, belli/brutti, giovani/vecchi. Forse si deve ancora distinguere tra la seduzione del corpo fine a se stessa, la cui potenza è affascinante e necessaria nella vita di chiunque, e la seduzione finalizzata alla vendita di prodotti pubblicizzati e di uno stile di vita 'figo'..."

"Ritengo che la gioia espressa da Belen e rilevata da Lorella come un'attrattiva per alcune donne giovani sia un elemento interessante. Forse ogni epoca ha la sua immagine di questo tipo: più di vent'anni fa l'immagine pop che ebbe una forza dirompente fu quella di Madonna agli esordi della carriera quando cantava *Like a virgin* e faceva vedere il pizzo del reggiseno... Immagino che le femministe saranno inorridite — e lo dico con affetto — nel vedere questa ragazzotta ribaltare tutto quello che loro avevano detto sul famigerato reggiseno... ma il reggiseno in vista... che bellezza! Non sapendo di falò femministi, mi dibattevo tra l'ossessione di non far vedere la spallina... e la curiosità per un oggetto che mi donava un pochino e che vedevo usare da molte, ma doveva star nascosto come un artificio."

"Credo che la fascinazione di Silvia verso la pubblicità con un corpo femminile simile al suo non rappresenti la riscoperta della fisicità e la sua liberazione, quanto la proiezione del proprio desiderio esibitivo. In Italia ci sono migliaia di

blog di donne di tutte le età che fanno il verso
alla pubblicità mostrando immagini di corpi femminili 'visti con gli occhi degli uomini'... ma
sono blog, immagini appunto... non corpi."

Le ragazze sono molto attratte dai corpi belli ed esteti-
camente perfetti. È un elemento nuovo che differenzia le
giovani di oggi dalle generazioni precedenti. La comunicazione passa attraverso i corpi, che sono perlopiù ben esposti e curatissimi.

Al corpo si dà molta importanza e si dedica molto tempo.

Nel caso italiano, la proposizione ossessiva di corpi spo-
gliati in televisione porta il pubblico giovane a casa a considerare il proprio corpo strumento principale di comunicazione.

La domanda è quindi: questo interesse per il corpo, nostro e di altre donne, è un nostro legittimo e naturale desiderio o corrisponde a un abnorme desiderio-bisogno di piacere? Perché, se analizziamo ciò che accade nelle trasmissioni televisive e in pubblicità, il corpo giovane e nudo pare attirare un interesse enorme da parte di maschi giovani
e adulti. E le bambine diventano consapevoli di questo potere che i loro corpi esercitano.

Cosa cerchiamo, quindi, quando ci concentriamo ossessivamente sui corpi? Un nuovo tipo di affermazione nel
mondo o un'approvazione maschile?

Come mai le pubblicità di prodotti indirizzati al pubblico femminile utilizzano corpi nudi o parti del corpo femminile per incentivare l'acquisto di un prodotto da parte
delle donne? Ogni giorno in televisione, durante le trasmissioni diurne che hanno un pubblico *prettamente femminile* (non dimentichiamolo), vengono mandati in onda
programmi che propongono donne svestite, provocanti, con
seni enormi, minigonne, eroticamente aggressive.

Ipotizziamo che un'importante casa automobilistica
lanci sul mercato una nuova vettura, potente, veloce. E che
la pubblicità preveda un modello giovanissimo, in slip, che
si sdraia sul cofano della vettura e ammicca al possibile ac-
quirente. Questa ipotesi ci appare impraticabile e comica.

Ma è quello che accade con la comunicazione rivolta a
noi donne. Compriamo un profumo femminile che ci viene proposto da un'attrice di Hollywood mentre si spoglia.

Guardiamo un quiz in tv, al pomeriggio, dove furoreggia la valletta in mutande su una scala.

Abbiamo introiettato il modello maschile, o meglio: il presunto modello maschile.

La colonizzazione del nostro immaginario ha significato non saper più distinguere i nostri desideri più profondi e oggi ci osserviamo l'un l'altra come pensiamo ci guarderebbe un uomo.

Genova. A un dibattito interviene una ragazza giordana:

"La nostra cultura soffoca tutto quanto è femminile, nascondendo il corpo della donna e togliendoci una parte importante di noi. Noi siamo anche il nostro corpo ed è bello sentirci in armonia con il corpo, che è un dono di Dio. Questa voglia di soffocare tutto ciò che rappresenta il femminile arriva addirittura a velarci il viso, a nasconderci l'identità e a farci sparire, trasformandoci in un'ombra nera. Però non è libertà nemmeno quello che vivete voi donne qui in Italia. A volte penso che velarsi il volto e fare il lifting siano la stessa cosa".

È importante cercare e proporre un'alternativa espressiva al corpo televisivo perché è anche da un corpo ritrovato, pieno, attivo, un corpo libero e liberato, non sottomesso e piegato a un desiderio maschile banale che può scaturire una piena coscienza di sé, quella necessaria a non aver più paura della nostra piena e autonoma affermazione.

Sorprendentemente, sul blog scrivevano anche molti uomini:

```
"Sono un ragazzo di ventitré anni e con infinita
ostinazione mi scontro ogni giorno con la mia ra-
gazza per spronarla a cercare se stessa fuori da-
gli stereotipi formali che il mondo degli uomini
le ha cucito addosso".
```

```
"Da uomo amo le donne vere, intelligenti, capaci di
affascinarmi anche con le loro imperfezioni. L'i-
dea che la donna canotto, oca e incapace risponda
ai bisogni degli uomini è falsa. C'è una grandis-
sima quantità di uomini che si sentono offesi quan-
to le donne da questo modello culturale."
```

"Ho smesso di guardare la tv da almeno un paio di anni, preferisco informarmi tramite Internet e credo che la manipolazione dell'immagine della donna non sia solo a discapito delle donne ma anche degli uomini... La maggior parte delle ragazze che si incontrano per strada puntano tutto o molto sull'apparenza fisica, mettendo in risalto cosce, décolleté e sedere in qualsiasi minima occasione si presenti. Per noi uomini questo bombardamento sessuale ventiquattr'ore al giorno, sette giorni su sette, è qualcosa di abominevole, non è possibile trovare donne seminude anche nella pubblicità dei dentifrici."

"Ma nessuno pensa a noi uomini? Davvero credono che siamo una massa di bavosi arrapati che stanno davanti alla tv aspettando che Belen si spogli? Io mi sento offeso nella mia dignità tanto quanto voi. Considerano voi prosciutti e noi decerebrati. Siamo stufi quanto voi e il nostro ideale di donna è lontano anni luce da quello che vediamo in tv. Siete voi che vi lasciate manipolare, così andate dal chirurgo, fate i fanghi per la prova costume, vi vestite per le altre e non certo per noi."

Emergeva una sensibilità maschile all'abuso del corpo delle donne, spesso motivata dal desiderio di liberare figlie e compagne dal presunto obbligo di uniformarsi a un modello televisivo:

"Finalmente, qualche donna si ribella a questo scempio del cervello umano praticato quotidianamente dai media italiani. Parlo di cervello e non di corpi perché è come uno strumento di distruzione di massa che lascia intatto tutto tranne le coscienze. Da parte mia cerco sempre di non far vedere questi programmi a mia figlia, che ha quindici anni, ma la lotta è impari. Sono un uomo e un padre preoccupato, ma aver sentito che esiste anche una reazione a questo tipo di scempio inizia a ridarmi speranza".

"La tv è una delle teste di ponte che portano dentro le case questa concezione brutale, la stessa che consente di disporre di mogli e figlie come puri e semplici oggetti. Non partecipo a questa concezione, ma come uomo sento di dovermi vergognare ugualmente."

Dai commenti prendeva forma una coscienza maschile lontanissima da quella che i media attribuiscono agli uomini italiani. Fatta di sensibilità e consapevolezza. Veniva a galla una differenza importante tra gli uomini italiani adulti, eredi di una cultura maschilista poco interessata ai problemi collegati alle differenze di genere, e i giovani uomini, molto più moderni ed "europei" nel modo di rapportarsi alle loro compagne:

"Credo che quanto mostrate non sia altro che un modo di esorcizzare la paura che gli uomini hanno sempre avuto delle donne. Si tratta semplicemente di una versione simbolica e occidentale del burqa".

"Tutto ciò che vediamo è l'educazione al sopruso."

"Un mio amico mi ha confessato — posso dirlo? — che ha avuto momenti di eccitazione involontaria mentre a pranzo con la famiglia vedeva un servizio a *Studio aperto*. Che dovrebbe essere un telegiornale, ovvero uno strumento di informazione..."

Gli italiani e le italiane residenti all'estero parevano aver trovato nel documentario l'amplificatore di un disagio che se da un lato li aveva portati a lasciare il paese – spesso per motivi di studio – dall'altro, al contempo, li teneva legati all'Italia. Quasi a voler strenuamente scorgere, in iniziative di resistenza e di protesta a cui si sentivano di aderire, un motivo per non dover decidere di rimanere all'estero "per sempre":

"Sono senza parole. Vivo all'estero da più di dieci anni, in Germania. Il vostro documentario mi ha insegnato qualcosa sullo stato di salute del nostro paese che non avrei mai immaginato. Come uomo mi sono sentito profondamente umiliato nel vedere le ragazze del video lasciarsi brutalizzare passivamente".

"Non guardo più la televisione ormai da diversi anni, anche perché vivo spesso all'estero e questo ha fatto sì che ciò accadesse ancora di meno. Nel guardare questo documentario, in cui ho dovuto trattenermi dal chiudere la pagina vista la rabbia che certe immagini mi provocavano, ho capito perché poi la tv a casa mia sia sempre spenta. Nel vedere le donne rappresentate così io mi sento profondamente offesa, intimamente deturpata. E adesso ho capito realmente perché. Perché è un voler imporre i modelli estetici e femminili, perché è un voler dire a me 'guarda che tu devi essere in quel modo e gli altri si aspettano che tu sia così'. E questo lo trovo davvero molto aggressivo e offensivo nei confronti di me come donna. Una donna, per strada, sarà libera di conciarsi come preferisce e questo di certo non mi offenderà. Ma di certo mi offende vedere ogni giorno, in tv, sbattuta e risbattuta, un'immagine di donna che non è quella reale. Perché purtroppo è ovvio che così si creano i modelli. Nel vedere corpi di donna nudi presentati in modo volgare in tv, sento attaccato il mio stesso corpo, perché è come se tutti conoscessero quello che si vuole, che ci si aspetta da una donna, tranne che la donna stessa. Insomma, che le donne per strada, nei locali, facessero quello che gli pare. Ma in tv no, perché si gioca in modo pericoloso con un'immagine che è mia e delle altre donne. Spero qualcosa cambi, anche se, visti i tempi bui e scuri che stiamo vivendo, ne dubito... comunque spero."

"Esistono due Italie o, se preferiamo, un'Italia divisa, penso non ci siano dubbi. Una è di gran lunga meno visibile e, di conseguenza, mediaticamente silenziosa secondo i criteri vigenti, dell'altra. Ma non per questo non esiste. Che il popolo italiano sia fondamentalmente provinciale, poco curioso e disinteressato agli altri, a tratti borioso e tutto fiero d'un glorioso passato che non gli appartiene più e di cui sa ben poco, è una parte della verità. Ma è anche vero che i molti tentativi fatti per affermare quella che Gaber chiamava 'una libertà diversa da quella americana' sono stati duramente repressi. Dall'eliminazione dello scomodo Enrico Mattei, a piazza Fon-

tana e tutte le stragi di stato; al delitto Moro
e all'omicidio di Pasolini. E da 40 anni e passa
di Democrazia cristiana e dalla Chiesa che ane-
stetizza le coscienze. Compivo 21 anni, tre giorni dopo la bomba alla stazione di Bologna, nel sole d'agosto di 30 anni fa. Sono ferite che hanno
piegato un intero Paese, fin nelle sue pieghe più
tranquille e più conformiste. Non cerco scuse e
non mi sono mai lasciato abbattere, ma il corpo
sociale è composto da corpi umani... non c'è dubbio che episodi come White Christmas siano molto
pericolosi per il Paese tutto; e che il caso Ba-
lotelli sia, a mio avviso, sottovalutato. Ma ci
sono anche 'piccole' realtà di cui i media non parlano. Prima dicevamo 'ci vediamo in piazza'. Ora
si dialoga anche grazie ai blog."

Quando siamo stati selezionati tra i cinque documentari finalisti al Festival del documentario sociale di Firenze, *Italiani brava gente*, ho avuto l'occasione di vedere, fuori concorso, il film di Hugues Le Paige, *Il fare politica*. Le
Paige è un documentarista belga che per anni ha trascorso le vacanze in Toscana e ha filmato la vita che scorre al-
l'interno di quelle che un tempo erano le sezioni del Pci,
fino alla loro trasformazione nelle sedi attuali. Nello sguardo del regista c'è rispetto per ciò che vede. Attraverso la vita di quattro amici, Carlo, Claudio, Vincenzo e Fabiana, attivi nel circolo di San Casciano Val di Pesa, Le Paige racconta come le sezioni fossero luoghi di incontro dove la
gente andava volentieri per confrontarsi, discutere e far
nascere nuove idee. E probabilmente un vissuto simile lo
hanno avuto le Acli o i circoli Arci: entravi in sezione con
un'idea in embrione e spesso dopo settimane ne uscivi con
un progetto condiviso. Era appunto il "fare politica", un'e-
spressione che ben rende l'idea del costruire, del fare con
le mani – si dice anche "fare il pane" –, un modo di dire
evocativo che molti stranieri ci invidiano perché difficilmente traducibile.

Oggi non mancano soltanto i luoghi: durante i dibattiti,
è emerso che mancano anche le persone disposte a farsi interpreti di quello che le donne e gli uomini pensano e vogliono: i politici per primi, ma anche altri rappresentanti del-

la comunità – la Chiesa, ad esempio, che, con alcune preziosissime eccezioni, talvolta sembra distante dal sentire della gente.

La mia sensazione è che il documentario abbia costituito e costituisca per molti un punto di aggregazione, una piazza all'interno della quale si trovano cittadini con un comune sentire, da tempo trascurato.

Se affermare "basta spegnere la tv" equivale a non avere alcuna consapevolezza del suo potere di seduzione, affermare con indifferenza: "Io non la guardo mai, non so cosa succede in televisione" equivale a negare testardamente l'evidenza: e cioè che è anche guardando la tv che possiamo comprendere cosa sta accadendo in Italia. Durante un'edizione pomeridiana del Tg2, è stato mandato in onda il solito servizio sul fascino che lo spettacolo esercita su molte ragazze, mentre la speaker ricordava che: "È un sogno quello di fare la modella, o l'attrice, quello di diventare qualcuno nel mondo della televisione. Il più ambito dal ceto medio-basso". In questa affermazione emerge prepotentemente la vergogna di un paese che ha lasciato i giovani e le giovani meno abbienti e meno protetti da scuola e famiglia in pasto alle trasmissioni televisive: è il risultato prodotto da chi poteva introdurre un cambiamento e invece ha spento la tv.

Spegne la tv chi ha i mezzi economici e culturali per offrire alle proprie figlie delle alternative. Per le altre ragazze, quelle "del ceto medio-basso", la tv resta il sogno. Non credo sia azzardato affermare che fare politica oggi significhi *necessariamente* occuparsi di televisione: guardandola ed essendo presenti là dove c'è chi la guarda. Lo scollamento che noi tutti sentiamo tra politica e vita dipende anche, a mio avviso, dal non esserci accorti che la televisione stava proponendo, ormai da tre decenni, forme di aggregazione alternative alla politica. *Uomini e Donne*, ad esempio, il programma che va in onda su Canale 5 tutti i pomeriggi, crea un forte senso di appartenenza proponendo modelli di comportamento che poi vengono emulati da una moltitudine di ragazze e ragazzi.

Ed è certo un tema che ci riguarda tutti, perché se le immagini svilenti del corpo femminile umiliano le donne, allo stesso tempo contribuiscono a creare – in particolare nei ragazzi, ma anche negli uomini adulti – un'idea di femminile irreale, che Internet concorre ad amplificare.

Ma chi non guarda la tv e come soluzione all'invasione di immagini umilianti delle donne propone di spegnerla, appartiene solitamente a una élite culturale numericamente modesta ma culturalmente influente. Di solito molto preoccupata che venga garantita la libertà di stampa e di opinione.

Queste persone, che non guardano la tv, evidentemente non hanno mai passato una giornata di fronte al televisore e di norma non seguono una trasmissione dall'inizio alla fine, non leggono i giornali di pettegolezzi e non frequentano gli ipermercati il sabato pomeriggio; inoltre, in genere sono molto sensibili al tema della censura. Ed è peraltro curioso ipotizzare che un paese che autorizza la messa in onda a tutte le ore di immagini offensive, che in altri paesi sarebbero considerate pornografiche, possa d'un tratto arrivare alla censura.

D'altronde, è interessante che la libertà di utilizzare il corpo delle donne a fini mercantili sembri oggi il diritto più garantito in Italia, da parte di molti intellettuali e, sorprendentemente, anche di molte intellettuali. Perché?

È la stessa preoccupazione che ho riscontrato in alcune femministe. Donne intelligenti, con un pensiero lucido. Mi hanno detto che loro la tv non la guardano mai, che la gente deve poter fare quello che crede, che chi vuol guardare trasmissioni becere dev'essere libero di guardarle e le ragazze, se sono maggiorenni, facciano quel che vogliono del loro corpo.

Di fronte a queste dichiarazioni rimanevo dapprima perplessa, poi rattristata, dalla mancanza di interesse o di preoccupazione per gli altri. Nel disinteresse da parte di un'élite culturale verso chi guarda la tv, e contemporaneamente nella rigida volontà di affermare princìpi senza verificarne l'attuabilità, si annida uno dei problemi più insidiosi della società di oggi: molti di quelli che dovrebbero occuparsi dei diritti dei più deboli, dei bambini e dei giovani, vivono invece in un isolamento dorato; non hanno rapporti con chi guarda tanta tv, né interesse a capire il problema.

Possiamo chiedere di spegnere la tv ai milioni di analfabeti di ritorno, pubblico ideale della vacuità televisiva? Ci ricorda Tullio De Mauro:

> Cinque italiani su cento tra i 14 e i 65 anni non sanno distinguere una lettera da un'altra, una cifra dall'altra. Trentotto lo sanno fare, ma riescono solo a leggere con difficoltà una scritta e a decifrare qualche cifra. Trentatré superano questa condizione ma qui si fermano: un testo scritto che riguardi fatti collettivi, di rilievo anche nella vita quotidiana, è oltre la portata delle loro capacità di lettura e scrittura, un grafico con qualche percentuale è un'icona incomprensibile.
> Secondo specialisti internazionali, soltanto il 20 per cento della popolazione adulta italiana possiede gli strumenti minimi indispensabili di lettura, scrittura e calcolo necessari per orientarsi in una società contemporanea.[14]

Spegnere la tv per fare cosa?, vorrei chiedere a chi propone questa soluzione come una possibilità praticabile.

Chi teme la censura dovrebbe guardare la televisione pubblica e privata per una settimana, solo allora potremmo riparlarne.

"Le veline, le schedine, le soubrette in generale sono maggiorenni e dunque possono fare ciò che vogliono."

Certo, e mi pare una considerazione davvero banale.

Ma è indispensabile un Codice di autoregolamentazione, come ne esistono in tutte le organizzazioni, a cui attenersi nella ideazione dei programmi. Nessun limite alla creatività; consideriamo per inciso che la libertà assoluta, senza confini, concessa sinora ha portato a un'offerta televisiva molto povera dal punto di vista creativo. E che probabilmente l'impossibilità di utilizzare sempre e comunque il corpo delle donne come unico strumento per catturare l'audience stimolerebbe positivamente la creatività degli autori televisivi.

E ci si chiede perché la televisione dovrebbe continuare a essere l'unico luogo in Italia dove tutto è concesso?

Perché ci si infervora a tutelare quelli che, in ultima analisi, più che diritti paiono soprusi verso una grande parte

[14] Tullio De Mauro, *Analfabeti d'Italia*, in "Internazionale", n. 734, 6 marzo 2008.

di cittadini? Se riprendere da dietro e in primissimo piano il sedere di una soubrette è un diritto fondamentale da garantire a spada tratta, è lecito domandare di esercitare gli stessi diritti in altri luoghi?

Possiamo ipotizzare che da domani sia possibile andare al supermercato, a scuola, in chiesa, sull'autobus, in perizoma con la massima libertà?

Perché in tv sì e in altri luoghi no?

La televisione viene vista da milioni di persone e la proposta attraverso il video di modelli femminili negativi e umilianti raggiunge certo un numero di persone infinitamente più elevato di quello a cui potrebbe esporsi una donna che si presentasse nuda davanti a un centinaio di persone in un luogo pubblico. Che probabilmente verrebbe arrestata per oltraggio al pudore.

Ma l'oltraggio attraverso il video è giustificato dagli investimenti pubblicitari, che consentono ciò che altrove non è consentito.

Parrebbe dunque che presidenti e amministratori delegati delle reti televisive si siano trovati ad affrontare il difficile compito di scegliere tra una programmazione che tutelasse la dignità delle donne, ma sarebbe corretto dire dei cittadini, e la quadratura dei conti. Si è tuttavia trascurata una terza via, che è poi quella praticata da quasi tutte le reti televisive europee: la ricerca di soluzioni creative e innovative alternative al "corpo nudo" che facciano audience. Si può, esistono programmi di successo che hanno scelto di andare in questa direzione e sono visibili in tutti i paesi europei dove la Costituzione e un coraggioso associazionismo femminile hanno imposto ad autori tv e creativi pubblicitari il rispetto delle donne. Farsi ascoltare non è poi così difficile: numericamente superiori, le donne decidono gli acquisti per tutta la famiglia. Ce ne dimentichiamo troppo spesso.

Ciò che appare evidente è che si è sottovalutato il potere della televisione, ignorandone le conseguenze e lasciando gestire con chiari fini commerciali – di cui il corpo delle donne è stato strumento principale – il più potente mezzo di comunicazione in Italia.

È chiaro quindi che chi fa politica deve necessariamente tener conto di questo dato di fatto, dedicando tutte le risorse necessarie a monitorare ciò che viene mandato in onda e, al contempo, a favorire la produzione di programmi televisivi che educhino al rispetto e alla valorizzazione delle differenze.

5.

Fuori dalle gabbie

A quindici anni andai per la prima volta in Inghilterra, per frequentare un corso d'inglese. Un'estate per me decisiva: facemmo con la scuola una gita all'Isola di Wight, dove anni prima si era svolto un festival di musica divenuto leggendario. Sentivo l'emozione di essere in un luogo di cui avevo tanto sentito parlare. E proprio sul traghetto che mi portava sull'isola decisi che nella vita avrei viaggiato il più possibile: avevo un grandissimo desiderio di conoscere luoghi e persone.

In Inghilterra tornai tempo dopo e fu un altro degli anni più importanti della mia vita. Ero a Oxford, dove studiavo lingua e letteratura inglese. Non avevo molto tempo per divertirmi, anche se il solo stare in college era un'esperienza incredibilmente eccitante. Uscire dalle gabbie, Oxford fu principalmente questo per me.

I primi tre mesi condivisi la camera con Birna, una ragazza gentile e biondissima: veniva da Akureyri, in Islanda, e diventò ben presto una delle mie migliori amiche. Attraverso di lei scoprii con stupore che fuori dall'Italia la vita delle donne era diversa e, a me pareva, per certi versi migliore. Non c'era, lo capivo dai racconti di Birna, quella separazione di giudizio che distingueva i comportamenti maschili da quelli femminili. La libertà, anche sessuale, era un dato di fatto, e maschi e femmine godevano di uguale indipendenza fisica e mentale. Feci mio da subito quel modo di pensare: esisteva e, dato che mi corrispondeva, potevo appropriarmene.

Mesi dopo, il posto di Birna fu preso da Farzaneh, una

ragazza persiana figlia di uno stretto collaboratore dello scià. Fin dall'inizio la nostra amicizia fu completamente diversa, ma non meno interessante: mi portò una grande consapevolezza del mio corpo e della mia preziosa differenza dall'uomo.

Farzaneh era apparentemente meno libera di Birna, ma era anche molto più consapevole del proprio femminile inteso nel senso più profondo. Mi colpiva la cura con cui si pettinava e si vestiva: sembrava di partecipare a un rito che nulla aveva a che fare con la sottomissione allo sguardo e al compiacimento maschili.

Nell'ottobre di quell'anno in Persia scoppiò la rivoluzione che avrebbe portato al regime khomeinista. Ero in camera con Farzaneh quando la madre le telefonò per comunicarle che non sarebbe potuta rientrare a Teheran: suo padre era in prigione ed erano tutti in pericolo, stavano scappando negli Stati Uniti, dove avevano dei parenti. Appena possibile, le avrebbero fatto sapere dove si erano rifugiati. Farzaneh pianse tutta la notte, io le stavo vicina.

Milano e la mia quotidianità mi parevano lontani. Odiavo già allora le convenzioni alle quali le donne dovevano sottostare – in particolare noi ragazze –, il peso del giudizio degli altri. "Cosa dirà la gente?" era il Leitmotiv che ci risuonava costantemente nelle orecchie. Io, intanto, sperimentavo l'indipendenza e la possibilità di esistere a modo mio. La vita era una scoperta, una sorpresa, continua.

L'anno dopo, per pagarmi l'università che frequentai per un periodo a Monaco di Baviera, iniziai a lavorare. Insegnavo inglese ai figli dei nostri *Gastarbeiter*, gli emigranti che dal Sud si erano trasferiti in Germania in cerca di lavoro. I miei studenti avevano dai quattordici ai vent'anni, avevano superato l'età della scuola dell'obbligo: frequentavano i corsi delle centocinquanta ore per prendere la licenza media. Quando alle sette di sera entravo in classe (di giorno i ragazzi lavoravano in fabbrica), venivo a contatto con una realtà durissima che ha influito profondamente sulla mia crescita. Imparare l'inglese era l'ultimo dei problemi dei miei allievi: nessuno parlava tedesco (che orecchiavano sul posto di lavoro e del quale conoscevano soltanto poche, indispensabili parole), e l'italiano lo parlavano in pochissimi: perlopiù si esprimevano in dialetto stretto e gli unici con i quali avessero rapporti fuori dal lavoro erano i familiari o i compaesani.

Antonia era pugliese, aveva vent'anni. Voleva a tutti i costi imparare l'inglese, ma aveva difficoltà a scrivere i temi in italiano. Qualche volta dopo le lezioni la aiutavo: venni così a sapere che era operaia in una fabbrica di solventi, dove teneva le mani immerse in liquidi chimici otto ore al giorno, e che viveva da semireclusa con due fratelli gelosissimi che non le permettevano di uscire se non per venire a scuola. Solo un anno prima, in camera con Birna, avevamo sognato di fare insieme un viaggio in India, sole e libere. Mi pareva che milioni di chilometri e migliaia di anni mi separassero da quel sogno, adesso che ero seduta alla scrivania con una mia coetanea che viveva in uno stato di prigionia fisica e intellettuale.

Mi è sempre sembrato riduttivo inserire solo una bibliografia alla fine di un saggio: è un po' come dire che sono state quelle letture, e solo quelle, a dare corpo alle idee dell'autore.

Mi è capitato di ripensarci ultimamente, alla morte di Alda Merini: quale bibliografia potrebbe almeno in parte aiutarci a comprendere la sua opera? Sulla sua formazione hanno inciso di più la lettura di certi testi o le sue potenti esperienze di vita? (E non mi riferisco solo agli anni del manicomio, ma anche alle relazioni amorose.) Alla stessa maniera, quando scriviamo un curriculum ferree regole ci impediscono di raccontare le vicende che ci hanno reso ciò che siamo, per focalizzarci unicamente su pochi sterili dati:

Che cos'è necessario?
È necessario scrivere una domanda,
e alla domanda allegare il curriculum.

A prescindere da quanto si è vissuto
è bene che il curriculum sia breve.

È d'obbligo concisione e selezione dei fatti.
Cambiare paesaggi in indirizzi
e malcerti ricordi in date fisse.

Di tutti gli amori basta quello coniugale,
e dei bambini solo quelli nati.

Conta di più chi ti conosce di chi conosci tu.
I viaggi solo se all'estero.
L'appartenenza a un che, ma senza perché.
Onorificenze senza motivazione.

Scrivi come se non parlassi mai con te stesso
e ti evitassi.

Sorvola su cani, gatti e uccelli,
cianfrusaglie del passato, amici e sogni.

Meglio il prezzo che il valore
e il titolo che il contenuto.
Meglio il numero di scarpa, che non dove va
colui per cui ti scambiano.
Aggiungi una foto con l'orecchio in vista.

È la sua forma che conta, non ciò che sente.
Cosa si sente?
Il fragore delle macchine che tritano la carta.[15]

Ecco perché sono sempre titubante quando studenti e studentesse mi avvicinano per chiedermi quali sono stati i libri che hanno contribuito a rendermi consapevole delle differenze di genere. Certo, le mie letture sono state tante, alcune, poi, fondamentali. Ma erano l'approdo di una ricerca, non arrivavano mai per caso. Erano frutto di un lungo lavoro su me stessa, di esperienze reali e fisiche, che vivevo sulla mia pelle e che soltanto dopo trovavano conferma nella lettura. E le esperienze più potenti sono spesso quelle che ci portano fuori dai contesti abituali, quelle che ci permettono di superare i confini in cui ci rinchiudiamo. Quelle, insomma, che ci regalano una nuova idea di noi e che ci aprono nuovi orizzonti.

[15] Wisława Szymborska, *Scrivere un curriculum*, in *Vista con granello di sabbia*, Adelphi, Milano 2003.

"Scrivi un blog sulle donne? Ma allora sei femminista!"

"Sei stata manager per anni in grandi multinazionali? Ah, ma allora... non puoi capire... noi invece veniamo dalla militanza..."

"Guardi, il documentario non è male, ma sa, lei è regista, io sociologo, e la realtà la conosco meglio..."

"Frequenti la Libreria delle Donne? Ah, io non sono d'accordo con il loro pensiero, quindi il *Manifesto del lavoro* non lo leggo nemmeno."

"No, dai! Non ci credo! Alla tua età, con il ruolo che hai... chi l'avrebbe detto... un tatuaggio... no..."

"Leggi 'Repubblica'... ah, capisco... sei radical chic, eh?"

"Legga questo libro... e comunque legga... è importante, voi donne d'azienda tutte numeri e niente cultura!"

"Vedi come si veste? Già capito chi è."

Gli stereotipi ci ammazzano. Intendo che eliminano la possibilità del meticciato, che tanto ci farebbe progredire. Vedi una persona e da un dettaglio ti costruisci un'interpretazione tutta tua, tutta di testa, che impedisce l'approfondimento.

Nel 2006 sono stata al World Social Forum, a Caracas: per motivi oscuri, molti degli italiani presenti trovavano "esotico" che una donna come me fosse lì. Non so, sarà stato come mi vesto? Il modo che ho di muovermi? Come parlo? Quello che ho fatto nella vita? Un razzismo feroce nei miei confronti. Il bello è che con tutti gli altri partecipanti questo problema non esisteva. Cosicché ho frequentato solo stranieri, peraltro trovandomi benissimo. Non avevo la sensazione che qualcuno desse importanza a dettagli esteriori per risalire a chi ero io. Non erano condizionati dagli stereotipi.

Anni fa ero la direttrice marketing di una grande casa editrice; prima, avevo lavorato per una multinazionale che produceva beni di largo consumo. Un dirigente, già dal primo giorno, senza nemmeno domandarmi chi fossi, cominciò a darmi consigli di lettura con aria paternalistica, sottolineando il fatto che "noi delle business school" eravamo certo degli ignoranti. Mi era molto antipatico: un giorno si dilungò a spiegarmi con dovizia di particolari quanto fosse importante andare, almeno ogni tanto, a teatro. Lo spiegava a me, che sono laureata in teatro inglese. Ricordo che disprezzai la sua arroganza. Lui se ne accorse, ma perse l'occasione di interrogarsi sulle ragioni del mio sguardo.

Il *Manifesto del lavoro*, che ho scritto insieme a sette donne della Libreria delle Donne, è obiettivamente un documento interessante e molto innovativo. Alcuni mi hanno scritto lamentando che la Libreria è un posto di femministe, che "tizia" è antipatica, e come mai frequento un posto così elitario... e insomma non ci si aspetta da me che io sia così schierata! E dunque? Gli stereotipi sono brutte bestie. Non basta nemmeno scrivere e girare *Il Corpo delle Donne*: è sufficiente uno sguardo e, se hai i tacchi, sei una seduttrice. Ho sempre pensato che le "streghe" siano donne interessanti e fuori dagli schemi, personaggi tra i più interessanti che mi sia capitato di incontrare, donne che vivono fuori dalle gabbie in cui ci costringe la società, donne che rifiutano gli stereotipi. Femmine audaci, vivono come loro aggrada, sempre alla ricerca di stimoli che fiutano con l'ebbrezza della scoperta, con l'eccitazione per ciò che non conoscono. Se le si lascia fare, provocano spesso voglia di vivere sfrenata tra chi le frequenta: direi che varrebbe la pena di provare. PS *L'arte della gioia* è il romanzo meraviglioso di una donna che viveva fuori dagli stereotipi: Goliarda Sapienza. E forse per punirla della sua scandalosa voglia di vivere il suo splendido manoscritto è rimasto sepolto per anni in un baule, senza che nessuno glielo pubblicasse.

Cesare e Marco li conoscevo da anni, sono entrambi sulla quarantina. Sono amici, con loro mi confronto, progetto, collaboro. A me è sempre parsa strana questa segmentazione per età che definisce i gruppi di appartenenza della nostra società, quella italiana in particolare.

Tanto per fare un esempio, in discoteca, in Italia, non si trova quasi mai una donna che abbia più di quarant'anni. Qualche maschio della stessa età lo si può incontrare, ma raramente: perché? Ballare è un divertimento solo per ventenni? Forse che da adulti non abbiamo più bisogno di esprimerci attraverso il corpo? Le energie espresse durante il ballo sono potenti, producono endorfine: perché privarcene? La vita media ormai si attesta intorno agli ottant'anni, e per le donne si arriva anche oltre: come possiamo negare il nostro corpo a partire dai trent'anni?

Come le razze meticce sono spesso le più belle, così nel mischiare le nostre età, le nostre appartenenze sociali e culturali, si ottengono risultati interessanti. Ho sempre guardato allo stile di vita di molti artisti come esempio da riprodurre nella mia vita: qualcuno per caso si stupisce se la scultrice Louise Bourgeois a quasi cent'anni è circondata da giovani? O se non si veste come una vecchietta, con mezzo tacco e gonnellina grigia? Cosa cercano i ragazzi intorno a lei? L'energia, l'energia straordinaria che emana e che loro sentono. Io credo che si diventi vecchi non quando cominciano gli acciacchi, ma quando smettiamo di incuriosirci, di perderci dietro a un progetto, di credere fermamente che il mondo si può cambiare e che molto dipende da noi.

Ecco perché si può essere vecchi anche a trent'anni.

Qualche tempo fa, per un anno intero, tutti i mercoledì sera mi sono persa dentro un localino in uno scantinato di via Farini, lunga arteria multietnica che conduce fuori dalla città di Milano. Lì, dopo le dieci si trovavano dei ragazzi che raccontavano le loro giornate rappando: poeti direi, poeti in chiave moderna. Ci stavo benissimo lì, ho sempre chiacchierato con tutti e da tutti ho imparato. Imparavo con la testa che ragazzi e ragazze hanno tesori da esprimere, sentivo con il corpo un'energia fenomenale, contagiosa: l'energia di chi è vivo.

Leggevo mesi fa della rabbia che si è scatenata intorno a Valeria Golino quando si è fidanzata con Riccardo Scamarcio, un attore di tredici anni più giovane di lei. Cosa suscita quella rabbia, spesso da parte delle donne? È chiaro che le ragioni sono più profonde di quelle che vengono espresse: "Lui la lascerà per una più giovane... Si vede che lei è più vecchia... Figurati tra dieci anni" ecc. Penso che la vera ragione sia, oltre a una certa invidia, una impossibilità, da parte di chi giudica, di accettare l'idea che la vita possa essere messa sottosopra, che si possano cambiare le regole, che si possa desiderare, anzi, pretendere, di vivere pienamente ogni istante della propria vita.

La società in generale, e quella italiana in particolare, si dimostra bisognosa di regolarizzare, di definire dei contenitori all'interno dei quali è obbligatorio restare, incuranti dei nostri reali desideri. Mi chiede la produttrice di una trasmissione televisiva a cui parteciperò qualche giorno dopo: "Dopo l'intervista sul suo documentario partirà un servizio su una nuova sit-com americana centrata sulle vicende di un gruppo di quarantenni che intrattengono relazioni con ragazzi più giovani di loro. Vuol dire qualcosa a proposito di quest'uso scandaloso del corpo da parte di donne adulte?". Declino, non ho niente da dire. E mi preoccupo se la mia denuncia sull'uso del corpo delle donne viene interpretata come una campagna moralistica: su Demi Moore, che ha un compagno di quattordici anni più giovane, dico le stesse cose che dico su George Clooney, fidanzato con una ex velina che ha venticinque anni meno di lui.

Sembra che la forma conti sempre più della sostanza. Un dirigente di partito, cattolico, ha impostato la sua campagna elettorale sulla santità, e dunque sull'indissolubilità, della famiglia: lui però si era appena risposato dopo un matrimonio che era durato vent'anni e aveva prodotto due figli. Perché questa attenzione alla forma? Cosa cercano gli elettori che lo hanno votato? Sapevano di questa manovra ipocrita: perché non hanno chiesto maggior chiarezza?

Molti cattolici vivono con dolore il fatto che la Chiesa sia spesso più attenta alla forma che alla sostanza della politica italiana: il Papa che incontra il presidente del Consiglio subito dopo che le foto dei festini di Villa Certosa e delle escort sono girate per tutto il mondo e gli stringe benevolmente la mano chiedendogli rassicurazioni sulla indissolubilità della famiglia lascia confusi. La forma ci tranquillizza. Usciti dal contenitore rassicurante, siamo noi stessi con una vita da inventare e con la possibilità di stabilire da noi le nostre regole.

Come dice una delle tre brave attrici di Serate bastarde,

gruppo teatrale di sole donne: "Parli delle vite degli altri solo quando hai paura di vivere pienamente la tua".

Nella versione cinematografica del dramma di Ibsen, *Casa di bambola*, Holger chiede alla moglie Nora di restare e di non lasciarlo, se non per amore, almeno per decoro: "Cosa dirà la gente, se te ne vai?" le chiede. Nora, e succedeva centocinquant'anni fa, risponde risoluta: "Ho dei doveri più sacri che verso di te e i miei figli: i doveri verso me stessa".[16]

Il punto è che viviamo spesso in camere stagne, prigioni che non ci consentono di esprimere chi realmente siamo.

Tutti ammiriamo chi ha saputo modificare il corso della storia, chi si è sacrificato, chi ha lottato e in alcuni casi dato la vita per un cambiamento. Da Gesù Cristo a Giordano Bruno, da Aung San Suu Kyi a Emma Bonino, le donne e gli uomini che hanno promosso cambiamenti, grandi o piccoli, hanno saputo mettere in discussione verità apparentemente inconfutabili, si trattasse di proporre una nuova religione o di chiedere il divorzio in una società cattolica. Ma soprattutto, hanno accettato di fare a meno del consenso per un lungo periodo, senza peraltro essere certi che poi l'avrebbero ottenuto. Hanno avuto, insomma, il coraggio di essere impopolari.

Anni fa, quando Nelson Mandela era già presidente del Sudafrica, lessi con grande partecipazione la sua biografia *Lungo cammino verso la libertà*. Mi domandavo quanti, tra i milioni di persone che correvano ad ascoltare i suoi discorsi in giro per il mondo, fossero in grado di realizzare che Mandela, per rimanere fedele alle sue idee, era stato trent'anni in prigione.

Degli eroi, ancor più della fama che alcuni di loro raggiungono, mi ha sempre ispirato la loro capacità di resistere alle avversità, forti della certezza di essere nel giusto. Questo è vero anche per personaggi molto più vicini a noi.

Quando Dario Fo ha ricevuto il premio Nobel con quasi unanime consenso e sono circolate le sue foto davanti al re di Svezia, quanti hanno riflettuto sul fatto che per decenni aveva agito ai margini della cultura "riconosciuta",

---

[16] Henrik Ibsen, *Casa di bambola*, Einaudi, Torino 1972.

ostacolato ed emarginato dai benpensanti, molti dei quali poi lo hanno osannato?

Mesi fa, a un convegno, guardavo decine di donne potenti intorno a me che applaudivano Emma Bonino, vicepresidente del senato, ex commissaria europea apprezzata dalla comunità internazionale. Quante di quelle stesse donne l'avrebbero anche solo salutata, quando sfilava nei cortei, tenuta a bada dalla polizia, rivendicando il diritto all'aborto?

Recentemente mi ha scritto una ragazza: aveva visto *Il Corpo delle Donne* e seguiva con interesse il blog. Mi chiedeva un incontro perché aveva una questione urgente, che la preoccupava molto, da discutere con me. Dopo qualche giorno l'ho conosciuta: bella e vistosa, era l'assistente – oltre che la fidanzata – di un famoso fotografo di moda straniero. La questione della quale voleva parlarmi era il fatto che si sentiva in ansia, e in colpa, perché sui set ormai arrivano solo adolescenti anoressiche: lei riteneva il proprio lavoro indegno, e il fidanzato un superficiale; mi raccontava che le ragazzine venivano sfruttate e si ritrovavano a vivere in un mondo del tutto inadatto alla loro età. Non ci dormiva la notte, diceva, le sembrava di impazzire. "Con chi ne parlo?" mi chiedeva. "Il mio uomo non capisce e le mie amiche ridono di me."

"Perché non provi a uscire dal tuo ambiente e a guardarti intorno?" le ho detto. "Frequenta luoghi dove puoi trovare persone che abbiano la tua stessa sensibilità." Sembra banale, ma è un problema che angoscia molte persone.

Viviamo in gabbie, che spesso noi stessi ci costruiamo, gabbie dalle quali non sappiamo, o vogliamo, evadere. Molti abitano nello stesso paese o nella stessa città in cui sono nati, frequentano le stesse persone e gli stessi luoghi. Il punto è che sono cresciuti in modo diverso rispetto agli altri e soffrono di questa diversità. D'altronde, il gruppo è spesso ferocemente teso verso la conservazione di dinamiche ripetitive e quando uno dei suoi membri devia, lo emargina per costringerlo a rientrare.

Ho conosciuto un ragazzo venticinquenne che per passione scrive poesie, peraltro molto belle. Tiene nascosta questa attività come se fosse un segreto inconfessabile: gli amici della sua compagnia sono dei "duri" e lui aveva la sensazione che, se avesse rivelato cosa lo tiene impegnato la sera, sarebbe stato preso in giro.

Ma non è un problema che riguarda solo i ragazzi.

"L'altra sera, dopo anni, sono stata in un locale dove si balla. Mi sono sentita invadere da un'energia incredibile, il corpo reagiva e mi sentivo così bene... peccato che non capiti mai... mi annoio davanti alla tv..." mi ha scritto una donna.

Cambiare amici, andare a ballare, uscire dalle gabbie.

"Voi italiani siete prigionieri della bella figura," mi ha detto un docente americano di espressione creativa. È un fatto che il giudizio degli altri condiziona spesso le nostre vite.

Gabbie

"Il giovane, di trentun anni, vive a Milano e si occupa di..."

"A quarantacinque anni, i giochi ormai sono fatti: se non hai fatto carriera è difficile che a quest'età tu possa avere altre chance."

"Obama è un presidente giovanissimo, a soli quarantotto anni..."

"È necessario rinnovare un partito che vede nelle sue fila dirigenti di oltre cinquant'anni, ormai prossimi alla pensione."

"A sessantatré anni Michele Placido diventa papà! Confermando la sua vitalità creativa, presenta al mondo la sua giovane moglie di ventitré anni!"

"Cosa cerca Scamarcio nella storia con Valeria Golino? Certo una figura materna."

"Demi Moore e il suo toy-boy: il giovane marito di ben quattordici anni più giovane..."

"La sua è una buona idea, è vero. Ma lei è così giovane... si faccia prima le ossa."

"La sua è una buona idea, è vero. Ma lei, mi perdoni, ha già una certa età, non vorrei che non sapesse interpretare le esigenze del mercato."

"Stai bene vestita così. Certo che i pantaloni così stretti alla tua età..."

A trent'anni sei ancora un giovane, ma a quarantacinque è già tardi per dimostrare di valere. In quindici anni, la percezione degli individui da parte della società cambia in modo schizofrenico: si è considerati troppo giovani fino a più di trent'anni, vecchi dopo i quarantacinque.

A cinquant'anni sei un giovane presidente, ma se

non hai già raggiunto una leadership conclamata sei solo un politico attempato.

A sessanta e più anni sei un ganzo se sei uomo e fai un figlio con quella che potrebbe essere tua nipote; ma sei una vecchia carampana, probabile nave scuola ecc., se hai un compagno anche solo di qualche anno più giovane di te.

Dopo i quarant'anni non si va in discoteca, vuoi che ridano di te?

I figli si fanno prima dei trent'anni, altrimenti sei egoista: hai voluto godere di tutto prima di procreare.

Se hai un'idea vincente e sei troppo giovane, non sei affidabile.

Se hai una buona idea e non sei più tanto giovane... non sei affidabile.

GABBIE.

Propongo di liberarcene.

Ne soffriamo tutti, uomini e donne, anche se noi donne subiamo, in più, anche quelle relative all'età e all'aspetto fisico.

Lacci e lacciuoli che ci immobilizzano.

Alcuni riescono a rimanere spiriti indomiti, la maggior parte subisce e si fa docilmente ingabbiare.

Basterebbe, anche qui, porre alcune semplici domande:

"Perché sono troppo giovane per questo lavoro? Mi ascolti".

"Perché sono troppo vecchio per questo progetto? Guardi cosa le propongo."

"Perché non posso andare in discoteca a cinquant'anni? Mi sento benissimo e quando esco ho tanta di quella energia che riesco a migliorare ciò che mi circonda."

"Perché non posso proporre un nuovo percorso al mio partito, anche se ho solo vent'anni? Ascoltatemi."

Poi ammiriamo la Montalcini che a cent'anni lavora ancora circondata da giovani allievi, o Zygmunt Bauman che a ottanta sforna saggi interessantissimi e innovativi. E tempo fa abbiamo commentato con meraviglia il coraggio di Mahmoud Vahidnia, il ragazzino che ha osato chiedere all'ayatollah Khamenei: "Scusi, perché nessuno può criticarla?".

Inoltre:

l'artista Marina Abramović pare stia un gran bene
con suo marito, di diciotto anni più giovane di
lei;
uno dei migliori interpreti delle poesie di T.S.
Eliot fino a qualche anno faceva il manovale; a
quarantotto anni ha letto Eliot e ha cambiato vita;
Bill Gates a vent'anni aveva già iniziato a cambiare il mondo.
Il brutto è che spesso ci infiliamo da soli nelle
gabbie. E a volte siamo i peggiori nemici di quelli che, dalle gabbie, coraggiosamente tentano di
evadere.

Nel '68, scrive Susan George, bastava scendere in piazza e unirsi a uno dei tanti cortei che passavano: si era certi di essere nel giusto se ci si fosse uniti a chi protestava, e
tanto bastava. Inoltre, aggiungo io, si era certi o pressoché
certi (almeno nei paesi occidentali) che:

– i media avrebbero dato notizia di quanto accadeva;

– chi governava, o chi era in quel momento all'opposizione, avrebbe preso quel dimostrare come un segnale importante di cui tener conto, pena lo scontento dell'eletto-
rato.

Oggi le manifestazioni sono sempre più rare, probabilmente perché è venuta a mancare la consapevolezza che le
nostre azioni possono modificare e migliorare il mondo che
ci circonda: perché manifestare, se poi "niente cambia"?

Ma soprattutto, temo che questo dipenda anche dal-
l'importanza assunta dai media nella nostra società e dalla
loro sempre più evidente manipolazione.

Ciclicamente, riceviamo inviti a manifestazioni orga-
nizzate con le migliori intenzioni: spesso, però, la preoccupazione più grande diventa se e come i media ne daran-
no notizia.

Nel gennaio del 2006, l'associazione Usciamo dal silenzio, presieduta dalla giornalista Assunta Sarlo, ha organizzato attraverso un capillare passaparola una manifestazione oceanica a difesa della 194, che dal 1978 garantisce il diritto all'aborto. Chi c'era ricorda l'emozione
di rivedere in piazza, dopo anni di silenzio, una moltitudine di donne di diverse fasce di età unite da un impor-

tante obiettivo comune. Ma poche sono state le reti tv che hanno dedicato a questa manifestazione lo spazio che avrebbe meritato.

Manifestare fisicamente, in piazza o attraverso un'azione simbolica, serve a esprimere un dissenso organizzato, un convergere di molti che protestano nella stessa direzione. Assume un valore quando il dissenso viene raccolto dalla politica, che se ne fa carico per attivare un cambiamento. Ma se nessuno vuole ascoltare la protesta, o se nessuno è in grado di farlo, manifestare perde il suo significato originario.

Ci vogliono orecchie che sappiano e vogliano ascoltare.

Due degli eventi che hanno segnato la seconda parte del 2009 sono esempi di sordità politica e mediatica.

Il primo: nell'ottobre 2009, il quotidiano "la Repubblica" ha lanciato un appello per raccogliere firme di protesta in seguito alla battuta offensiva pronunciata dal premier nei confronti del vicepresidente della Camera Rosy Bindi. Le firme sono state centomila: le donne non sono così silenziose e rinunciatarie come le si vorrebbe far apparire. Ma i politici? Quali hanno dato ascolto a questa protesta? E se non c'è una reazione immediata, in grado di cogliere e interpretare i segnali lanciati dalla protesta, il rischio è che vengano cancellati un attimo dopo dall'ennesimo fenomeno mediatico.

Il secondo: dal 25 novembre 2008 al 21 novembre 2009 l'Udi si è fatta promotrice di una staffetta che ha raccolto centomila firme! Quali media ne hanno parlato? E, anche in questo caso, chi ha recepito il messaggio inviato dall'Udi?

Lasciare inascoltati i messaggi di disagio è molto pericoloso: si diffonde una profonda sensazione di impotenza, di perdita di senso delle proprie azioni, e di conseguenza un'apatia che blocca ogni forma di sviluppo, tanto umano quanto economico.

Da troppo tempo, molte domande attendono risposta dalla politica e dai mezzi di comunicazione.

I problemi della comunicazione attraverso la televisione sono quelli più urgenti: è un dato di fatto. In un paese dove – non lo ripeteremo mai abbastanza – la tv è il principale mezzo di informazione dell'80 per cento di coloro che la guardano, il terreno su cui è importante agire è appunto quello dentro e intorno alla televisione.

I pericoli derivanti da un quasi monopolio televisivo che trasmette programmi in molti casi inutili o, peggio, dannosi non sono stati valutati correttamente. Il risultato è sotto i nostri occhi: da venticinque anni, la maggior parte delle persone guarda quelle trasmissioni rinunciando a essere attrice della propria vita, cedendola in gestione alla tv; in cambio, ne riceve intrattenimento a basso costo. Un paese drogato da una proposta mediatica di sesso a buon mercato, da notizie piccanti a tutte le ore che impediscono di prendere coscienza, di innalzare il livello di consapevolezza su cosa conta veramente nella vita.

Le riprese degli spettatori mentre osservano le "ragazze oggetto" durante le trasmissioni sono dolorose per noi spettatori che le vediamo, e denotano un certo sadismo da parte dei registi televisivi che materialmente le fanno. Ne ricordo in particolare una, che si alternava alla ripresa strettissima – durante l'ennesimo quiz in fascia preserale – dell'interno cosce di una ragazza mentre, in bikini ridottissimo, saliva le scale di un trampolino. Un Leitmotiv di tutte le puntate. (Non bastando più inquadrarla a figura intera ed essendo ormai passato il tempo dell'inquadratura del sedere, la novità creativa consisteva nell'entrare a scrutare tra le gambe, con la telecamera che scava nelle parti più intime, come in un film porno: però alle sette di sera, con un pubblico formato da bambini, oltre che da ragazzi.)

Insomma, la telecamera passava dalle natiche di lei al volto di un ragazzo sui vent'anni, che, seduto in mezzo al pubblico, ignaro di essere osservato, guardava. Il suo sguardo è dapprima imbarazzato, la faccia da bravo ragazzo, poi, man mano che il pubblico sdogana la scena, applaude e ride come allo stadio, si lascia andare a un'espressione inebetita, sorridendo con la bocca un po' aperta, rassicurato nel sentirsi come gli altri. L'espressione è molto simile a quella di chi ha appena assunto della droga: perdita di controllo, capacità decisionale ridotta.

Quale delle due dipendenze ha le conseguenze più gravi nel medio e nel lungo periodo? Difficile dirlo. So solo che l'offerta di sesso a buon mercato a un pubblico di giovani, su più reti e a tutte le ore, contribuisce alla costruzione di un immaginario artefatto e nocivo sia per chi se lo ritrova "plasmato", sia per chi sente proiettare su di sé – le ragazze, dunque – i desideri che questa offerta suscita.

Non è forse un tema urgente? Non è un argomento politico sufficientemente importante? La televisione crea modelli e la tv svolge un ruolo educativo, in particolare nei momenti storici in cui gli altri modelli – quelli politici, ad esempio – latitano, o quelli che potrebbero scaturire dalla proposta scolastica vengono rallentati dalla mancanza strutturale di fondi destinati alla formazione. Anche questa televisione è una gabbia da cui evadere. Ci scagliamo contro le tante ragazze oggetto usate nelle trasmissioni televisive, ma è a chi governa la televisione che dovremmo chiedere dei limiti da far rispettare agli autori. Se a scuola non venisse chiesto il rispetto delle regole, riterremmo gli studenti totalmente colpevoli di avere un comportamento inadeguato? Regole e leggi governano le nostre vite: perché la televisione non ne ha, in particolare per quanto concerne l'uso del corpo delle donne?

Qualche tempo fa, un'amica che ha una figlia sedicenne mi ha scritto: "Mariachiara deve fare un tema su dieci donne che negli ultimi vent'anni hanno ricoperto un ruolo rilevante nel mondo... non ce ne viene in mente quasi nessuna...".

Mi paiono due temi fondamentali e scottanti, due temi connessi tra loro: l'urgenza di una riforma sostanziale della televisione e, non meno importante, la proposta di modelli femminili televisivi che rispecchino la molteplicità di ruoli delle donne italiane di oggi, modelli che siano anche di ispirazione per i giovani.

Poco più di un anno mi divide dall'inizio del progetto *Il Corpo delle Donne*. Dal momento in cui abbiamo iniziato a vedere la televisione e a raccogliere immagini, fino a oggi, la domanda che chiude il nostro documentario mi risuona sempre nella mente: "Di che cosa abbiamo paura?".

Perché stenta a formarsi un serio movimento di opinione che imponga alle reti televisive ciò che all'estero è da tempo realtà?

Se questo non è accaduto sinora, la ragione è da imputarsi certamente a una generale apatia e perdita di fiducia nelle nostre capacità, a un disinteresse per le tematiche relative alle differenze di genere da parte degli uomini italiani e, a mio avviso e per quanto concerne le donne, alla paura di farsi carico di un cambiamento profondo nel modo in cui veniamo rappresentate.

Di ragioni ce ne sono certo altre, più evidenti o più immediatamente comprensibili.

C'è una reticenza da parte di alcune intellettuali e femministe a farsi carico di una protesta verso i media per l'errata convinzione che possa essere confusa con una richiesta di censura o di moralizzazione dei costumi.

C'è una diffusa difficoltà a "vedere" e riconoscere i problemi a causa dell'assuefazione alle immagini televisive che ci impediscono la presa di coscienza.

C'è anche, certamente, un'incapacità di organizzare la protesta unendosi ad altre che condividono il nostro sentire.

La rincorsa all'essere belle e giovani a oltranza, la fatica per impedire che il tempo faccia il suo corso, che la natura si esprima attraverso corpi e volti unici e quindi non riconducibili a uno stesso modello, dedicando – se calcoliamo il tempo speso giornalmente al mantenimento di uno standard imposto – probabilmente anni della nostra vita (che comunque poi giunge a un termine), questa ossessione, dicevamo, che ci accomuna tutte, nasce a mio avviso dalla paura, o meglio dal terrore, di non essere più volute dagli uomini, dal mondo. Di conseguenza, in questa rincorsa all'approvazione accettiamo anche l'inaccettabile.

Tempo fa, illustravo a una giovane donna, mamma e casalinga, il progetto *Il Corpo delle Donne*: era interessata, anche se pareva che di certi argomenti sentisse parlare per la prima volta. Dopo un po' ci ha raggiunte il marito, che mi guardava ironico: di bell'aspetto, aitante, scherzava sul fatto che "le donne è meglio che restino a casa". Poi ha guardato la moglie, e lei, come se io non fossi stata presente, tra l'incerto e il bisognoso di approvazione gli ha detto: "Marco, io ascolto ma alla fine non sono come loro". Come me e come altre come me, immagino. "La miglior schiava non ha bisogno di essere battuta, ella si batte da sola," ci ricorda Erica Jong in *Alcestis on the Poetry Circuit*.[17]

I tentativi di sopravvivere con la propria originale iden-

[17] Erica Jong, *Becoming Light: Poems New and Selected*, Harper Collins, New York 1991.

tità vengono oscurati o rinnegati in favore delle regole del mercato, che sul corpo delle donne ricava cospicui profitti. E non c'è quindi poi molta differenza tra Cristina, che si dibatte tra una personalità che orgogliosamente dichiara "con le palle" e una sesta di reggiseno che si è procurata per rispondere alle leggi dello spettacolo, e una manager che avanza nelle rigide gerarchie aziendali sottoponendosi a ritmi di lavoro disumani, permettendo che logiche maschili di intendere il lavoro si portino via quegli anni che il suo corpo vorrebbe con forza destinare anche ad altro.

Paura, terrore.

Paura comprensibile, perché cercare di imporsi – ma qui vorrei scrivere, di *esistere a nostro modo* – prevede una profonda consapevolezza e una grande fiducia in sé, ma ancor più nelle nostre simili. E una buona dose di coraggio. Questo cammino verso una reale emancipazione non si attua né facilmente, né velocemente, tanto meno da sole. Il coraggio serve ad accettare che nei percorsi di cambiamento profondo difficilmente si ottiene il consenso della società.

Molte di noi, e io per prima, hanno creduto di avere coraggio a sufficienza per il fatto di aver sovvertito il sistema che ci voleva fuori dalle regole del gioco degli uomini, quelle sulle quali il mondo si organizzava. Alle leve del potere siamo arrivate pagando prezzi altissimi, che difficilmente si ha la generosità di denunciare. Perché è ora di dire che non era quella l'emancipazione che cercavamo. Non volevamo, per diventare visibili, e in'ultima analisi per esistere, dover abdicare al femminile profondo, che significasse un figlio o semplicemente un modo di essere. Il modello maschile che abbiamo introiettato e che fa sì che ora ci guardiamo come pensiamo che ci guarderebbe un uomo, quel modello che rende una velina sicura di piacersi di più con un seno sproporzionatamente grande perché risponde a un presunto desiderio maschile che lei confonde con il proprio desiderio, quel modello, dicevamo, è lo stesso che ci ha fatto aderire a un sistema di vita impostato su valori maschili, al quale ambivamo perché sembrava prometterci una meta incredibilmente attraente: esistere, finalmente. Con fatica e sconcerto, alcune di noi stanno prendendo coscienza del fatto che oggi il cambiamento in gioco è molto più grande e faticoso, poiché prevede un nuovo paradigma dove nuove regole, o meglio, nuovi stimoli debbano essere suggeriti da noi donne, per garantire l'esistenza del femminile nostro, ma soprattutto delle giovani donne.

In questa fase di transizione si resta sole, e certamente orfane di approvazione.

Senza dubbio, la prima approvazione che viene a mancare è quella maschile, che tante di noi faticosamente, in alcuni casi persino immolando la propria vita, hanno cercato. Perché è proprio questa l'approvazione di cui sentivamo il bisogno, quella degli uomini, con i quali, incuranti dei nostri veri bisogni, volevamo condividere il potere. Approvazione per un bel seno nuovo e un sorriso ammiccante, o approvazione per un piano di ridimensionamento del personale condotto senza pietà: alla fine è il riconoscimento maschile, l'unico che fino a oggi abbia contato, quello che cerchiamo.

Ecco perché è indispensabile unirci ad altre donne se vogliamo incamminarci verso un vero cambiamento, senza la paura di riconoscere la nostra fragilità nei volti delle compagne di percorso: il cammino può essere lungo e la meta non certa.

È vero, serve un coraggio da leonesse, perché il consenso lo si acquisisce velocemente solo raggiungendo obiettivi che richiedono di percorrere sentieri già battuti: e noi donne siamo state maestre nell'essere brutte copie di modelli già esistenti, sempre e solo per ottenere l'ambita approvazione. In un modo o nell'altro, anche qui vale la feroce seppur verissima definizione "schiave radiose": schiave anche noi, e di un sistema.

È tempo di far capire al mondo chi siamo, e di mostrare cosa possiamo fare. Tempo di andare incontro alla nostra autenticità, e da lì partire per trovare la forza di costruire il nuovo.

Per esistere, abbiamo guardato per anni come facevano gli uomini. Come fanno gli uomini a lavorare? Come fanno gli uomini ad avere successo? Come fanno a far carriera, a sedurre, a rimanere affascinanti fino a settant'anni e più? Come si fa a essere popolari in tv?

A forza di osservare abbiamo imparato. Per imitazione.

E siamo diventate brave. I dati li conosciamo: brave negli studi, nelle professioni, brave come gli uomini e più degli uomini. Perché, per farci scegliere, dovevamo lavorare meglio di loro, altrimenti la scelta non sarebbe caduta su di noi.

"Un capo donna è cento volte peggio di un capo uomo," si sente spesso dire. Più cattive, più spietate, più intransigenti. In molti casi, però, per noi non c'è scelta: una delle caratteristiche per il capo di successo è dimostrare di "avere le palle". Abbiamo fatto anche questo. Ed è divenuto un simbolo di credibilità, se anche le soubrette televisive arrivano a considerare gli "attributi" maschili una qualità.

Ma dal momento che la nostra è la società dell'apparire non è bastato, per esistere, lavorare come uomini. In più, rispetto a loro, dovevamo preoccuparci anche del nostro aspetto. E se il potere si conquista con anni di duro lavoro, alla fine hai acquisito molte competenze ma non hai più la faccia adatta. Sei diventata vecchia. Per un uomo, "vecchio" è sinonimo di autorevole, ma non per le donne.

E se Hillary Clinton è ritenuta dura e capace più di un uomo, accade che alcune sue foto che la ritraggono con il volto di chi lavora diciotto ore al giorno, cioè con il volto segnato, siano state usate per screditarla durante la campagna presidenziale: una vecchia non può essere presidente degli Stati Uniti d'America.

"Foto impietose," scrivevano i giornali. No, foto vere di un volto segnato dalla fatica. Giudicarle impietose suppone che renderle "pietose" avrebbe implicato un filtro dell'obiettivo, un fotoritocco. Il problema non sta nelle foto, bensì nel nostro sguardo. Siamo noi che decidiamo che il volto segnato di un uomo comunica autorevolezza e quello di una donna solo vecchiaia inutilizzabile. Cambiamo lo sguardo, non le foto.

Le bambine crescono e ci guardano. Cosa vedono?

Vedono che a essere studiosa, preparata e dura come un uomo puoi fare carriera.

Vedono che se sei giovanissima e con un bel corpicino hai un potere enorme sul mondo e sugli uomini vecchi e anche importanti.

Ragazzine che assumono atteggiamenti aggressivi, le bande di bulle che crescono, la velina da emulare e l'assunzione di ruoli direttivi con stile di leadership aggressivi.

È interessante notare come su un punto le donne in carriera siano d'accordo con alcune esponenti del femminismo: la presa di potere nelle organizzazioni aziendali e politiche è una meta da raggiungere. Pochissime si interrogano sulle modalità da utilizzare.

"L'apprendimento acquisito dall'esterno richiede un grande sforzo di memorizzazione da parte dell'emisfero sinistro," scrive Annick de Souzenelle, "l'apprendimento raggiunto dall'interno di noi stesse è immediatamente memorizzato in ogni singola cellula del nostro corpo attraverso l'emisfero destro. Per secoli abbiamo favorito l'emisfero sinistro, dato che la nostra società ha sempre considerato deplorevole ciò che avviene al di fuori del processo linguistico e che quindi non possa essere verbalizzato, analizzato e spiegato."[18]

E quanta parte di vita accade al di fuori della possibilità verbale, al di là delle parole! Possiamo forse spiegare le "cose importanti della vita"? Possiamo analizzarle?

Nel suo *Change: la formazione e la soluzione dei problemi*, Paul Watzlawick ci propone una riflessione su come il cambiamento vero, quello in grado di sovvertire completamente la realtà che ci circonda e di proporre il Nuovo, sia un Cambiamento[2]. Si tratta di un cambiamento in cui non vengono semplicemente scambiati gli elementi all'interno di un sistema dato, è piuttosto il prodotto che si ottiene quando ci si pone al di fuori dal sistema medesimo.[19]

Ci troviamo in una situazione identica per quanto riguarda il ruolo che potranno assumere le donne nel futuro.

Ricoprire una posizione di prestigio è il desiderio comune a molte donne che si sono fatte strada a fatica nelle organizzazioni. La stessa cosa possiamo dire delle molte donne che emergono nel mondo televisivo e ricoprono ora posizioni di potere all'interno di alcune trasmissioni. Ci si attende giustamente di essere ricompensate dopo anni di sforzi inenarrabili. Questo è un Cambiamento[1], cambiano cioè gli elementi all'interno di un sistema dato. Le donne acquisiscono, a fatica certo, potere al posto degli uomini o insieme a loro, in un sistema dato.

[18] Annick de Souzenelle, *Il femminile dell'essere*, Servitium, Gorle 2001.
[19] Paul Watzlawick, John H. Weakland, Richard Fisch, *Change: la formazione e la soluzione dei problemi*, Astrolabio Ubaldini, Roma 1974.

Ma perché le donne vogliono occupare posizioni di prestigio in un sistema economico che ha spesso dimostrato di essere fallimentare? Perché dovrebbe essere gratificante essere leader all'interno di un'azienda che, ad esempio, privatizza le ultime falde acquifere di una nazione già povera con lo scopo di aumentare i profitti di qualche magnate già straricco di un paese occidentale? Perché, ancora, voler assumere la direzione di un gruppo bancario che ha messo in ginocchio migliaia di piccoli risparmiatori con comportamenti illegali? Perché volere a tutti i costi essere responsabili di un sistema che è riuscito ad aumentare ancora, incredibilmente!, il divario tra i paesi più poveri e quelli più ricchi?

Non si sta insinuando che le donne siano buone per natura, non è questo il punto. Mi pare piuttosto che, di fronte al non senso spesso prodotto dall'aver seguito una logica neoliberista sfrenata e senza più regole, il ruolo di noi donne oggi possa essere quello di proporre un nuovo sistema, un Cambiamento[2] appunto. E per questo ci vuole coraggio.

Molto più di quanto ne serve per assumere la direzione di un'organizzazione utilizzando modalità ereditate, che appaiono vecchie e obsolete.

Che rapporto avete con la morte?

Da piccola mi svegliavo di soprassalto nel bel mezzo della notte per la paura non della morte bensì dell'eternità. La mia cultura cattolica mi faceva immaginare il mio perdurare nell'eternità, che mi spaventava moltissimo e mi imponeva domande adulte sul senso della mia esistenza.

Negli anni, poi, ho invidiato chi aveva solidi studi di filosofia a sostenerlo nel cammino: se a sedici anni ti spiegano che partire dal "conosci te stesso" di Socrate può indirizzarti verso una vita vissuta pienamente, è innegabile che parti avvantaggiato. Di tutto ciò che ho letto ho fatto sempre tesoro, non comprendendo come mai amici filosofi, intellettuali coltissimi citassero con cognizione "tu conosci te stesso solo nell'incontro con l'Altro" e poi vivessero vite da reclusi, mentre l'Altro rappresentava solo il terrore di un incontro insostenibile.

La poesia è stata la mia compagna e ha indirizzato e plasmato le mie azioni; non l'ho mai ritenuta una forma alta di arte slegata dalle mie giornate: ciò che leggevo diventava vita.

Sono mossa dalla consapevolezza che il mondo si può cambiare. La possibilità per ciascuno di incidere sul presente, determinando quindi il futuro, ha fatto svanire ormai da anni le mie paure infantili. C'è un senso. Noi qui stiamo gettando le basi per un cambiamento epocale.

È necessario però ricominciare a progettare con un obiettivo altissimo e accettando, come ho già scritto, che i tempi saranno forse lunghi, e non necessariamente vedremo i risultati del nostro lavoro.

Che importa?

Stacchiamoci da quest'ansia di risultato che ha danneggiato le nostre vite: i grandi cambiamenti non avvengono in un giorno, basta guardarsi indietro: se pianificando la costruzione del Duomo di Milano Gian Galeazzo Visconti avesse preteso di vederne ultimata la costruzione, cosa ci sarebbe rimasto? Quando il duca morì, di guglia ce n'era solo una, però bellissima, e la prima di una moltitudine che sarebbero seguite nei secoli.

L'aspettativa di vita media per un uomo in Italia è settantotto anni, alcuni arrivano a ottanta. Pochi superano questa soglia. A volte guardo i politici in televisione: spesso hanno superato i settanta: pensano mai alla morte?, mi domando. Intendo per morte non l'evento terribile e rimosso dalle nostre esistenze, bensì la morte che porta a compimento le nostre vite, di laici e di credenti. Staranno riflettendo sul senso delle loro vite e su cosa lasceranno di se stessi al mondo? Ho sempre trovato modesto l'obiettivo di potere che molti uomini e qualche donna si danno nella vita. Di molti uomini ritenuti di potere del Novecento non c'è più traccia, nemmeno sui libri di scuola. Fate la prova: prendete qualche vecchio giornale, scorrete le pagine di politica e a stento vi ricorderete chi erano. Quale potere hanno

esercitato, se sono stati inesorabilmente e defi-
nitivamente dimenticati?
Cosa resterà della storia di questi anni a cavallo tra i due millenni? I nomi di politici oscuri
votati a un potere personale o quelli, per esempio, di Giovanni Falcone e Paolo Borsellino?
Che cosa ne pensate?
E voi, che rapporto avete con la morte?

6.

"Esserci"

Secondo Ina Pretorius, teologa e filosofa svizzera, noi donne possediamo la competenza dell'esserci, di essere là dove le cose accadono. Allude alla competenza propria del femminile che si forma nell'abitudine a occuparsi delle cose della vita. A starci dentro.

Mi dispiacerebbe perdere questa competenza, mi pare che ce ne sia bisogno. Per anni non ho saputo riconoscerla. Oggi sento di averla e la ritengo preziosa almeno quanto i miei studi, o il mio lavoro. Anzi, di più, credo. Ci stiamo occupando di televisione, di cattiva televisione, perché troppi sono il tempo e le energie sprecate a guardarla e a subirla passivamente. È un impegno temporaneo e noioso: non appena saremo riuscite ad avere una tv migliore, potremo finalmente occuparci, noi donne, di questioni importanti e indispensabili, per le donne e per gli uomini. E per farlo dobbiamo sconfiggere la paura che deriva dal dover aderire a modelli di vita non nostri. Andare alla ricerca della nostra autenticità, trovare quel sentiero che collega saldamente le nostre sensazioni più profonde con il mondo fuori di noi. Solo così la paura sarà sconfitta, perché finalmente potremo agire all'interno di un contesto noto, il nostro, dove gesti, parole, azioni e decisioni provengono dal nostro sentire. Di questo sentire oggi c'è molto bisogno.

Nel cammino verso la nostra autenticità avremo bisogno anche di nuove parole: quelle che abbiamo a disposizione non sempre ci aiutano a esprimere chi siamo e ciò che abbiamo da dire.

Due anni fa, sono stata invitata alla Conferenza mondiale di WIN (Winconference), un'assemblea che riunisce ogni anno centinaia di donne da tutto il mondo tra imprenditrici, manager e consulenti con l'obiettivo di discutere temi importanti per la crescita professionale e personale delle donne leader.

Davanti a un'assemblea di mille partecipanti, ho pensato fosse tempo di parlare con le parole delle donne, perché da troppo tempo quelle donne parlavano una lingua non loro.

Anche da quel discorso, che qui riporto e che ho scritto con parole a lungo cercate e desiderate, recuperando parti di me perdute nel corso degli anni, è nato il progetto de *Il Corpo delle Donne*.

IL DISCORSO DI OSLO

Edward Whitmont, il più celebre tra gli allievi di Jung, ha scritto: "Essere autentici costituisce probabilmente il più fondamentale dei diritti dell'uomo. Ma la conquista dell'autenticità richiede che si renda omaggio ai propri desideri e bisogni emotivi. Il bisogno è l'impulso fondamentale verso una soddisfazione biologica, emotiva e spirituale. Questa soddisfazione opera nell'interesse della sopravvivenza, dell'identità individuale e dell'autoaffermazione". Possiamo rinnegare ciò che facciamo o ciò che abbiamo fatto, ma non ciò che siamo o ciò che profondamente vogliamo.

Alla ricerca della mia autenticità, ho realizzato che il mio curriculum non è sufficiente per rappresentare la mia vita. Per la prima volta ho capito che, se volevo mettermi realmente alla ricerca della mia autenticità, dovevo accettare di perdere le mie certezze.

Il dubbio è diventato il mio amico più caro. Dovevo accettare di non sapere... Alla ricerca della mia autenticità, sono diventata consapevole che il mio corpo è importante almeno quanto la mia mente, spesso così ingombrante. E ho sentito profondamente di avere anche un'anima, che sapeva essere molto più vicina di quanto pensassi alle domande importanti della vita.

Il bisogno è la spinta fondamentale verso una profonda soddisfazione biologica, emotiva e spirituale...

Secondo la mia esperienza personale, il vero problema per noi donne è che da un certo momento in poi non siamo più state in grado di identificare i nostri bisogni. Le ragioni sono molte e profonde. Ciò nonostante, sappiamo per certo che abbiamo seguito il modello maschile prevalente e a esso ci siamo adeguate, senza considerare se fosse giusto o meno. Ma noi non siamo uomini.

In un mondo dove "se non lavori non esisti", intendendo il lavorare come ricerca di senso, oltre che di retribuzione, l'unica scelta per noi donne è stata quella di lavorare come uomini. Un lavoro spesso basato sulla produzione di merci e non di valore. E attraverso la condivisione della produzione abbiamo scelto di esistere.

Una volta entrate nel mondo del lavoro ne abbiamo accettato le logiche e i metodi, sebbene non fossimo state noi a concepirli. La gestione del tempo, delle riunioni e delle persone, il modo con cui ci proponevamo di raggiungere gli obiettivi, i mansionari e le schede di valutazione erano stati concepiti per gli uomini: ciò nonostante li abbiamo fatti nostri.

Ne conosciamo le conseguenze? Forse, ma non completamente. Negli ultimi anni abbiamo assistito a importanti cambiamenti nel mondo del lavoro: abbiamo cominciato a discutere dei nostri problemi. Per riuscire ad attrarre più donne all'interno del management, molte multinazionali hanno sviluppato politiche interessanti sulla flessibilità degli orari, che avrebbe dovuto mettere le donne in condizioni di avere e crescere dei figli. Ciò nonostante, il problema non è stato risolto. Moltissime donne sentono la profonda ferita che divide la loro vita privata da quella professionale.

Essere entrate nel mondo del lavoro ci ha dato effettivamente la possibilità di percepire il nostro valore non solo dentro casa ma anche fuori, affrontando così contesti nuovi. Eppure, molto lavoro domestico dipende ancora totalmente dalle donne. Alcune di noi hanno la possibilità di delegarlo ad altre donne, ma la responsabilità di organizzarlo all'interno della casa resta spesso di nostra totale competenza.

Il compito più difficile continua a essere mettere insieme le parti. Quante volte abbiamo voluto credere che si trattava solo di diventare abili organizzatrici e riuscire così a gestire tutto, e quante volte ci siamo sbagliate! La qualità è veramente sempre preferibile alla quantità? Diventa sempre più difficile avere tempo per i figli, intendendo con ciò tempo reale per metterli al mondo e crescerli. E ancora più difficile diventa trovare il tempo per gestire la casa, la famiglia e tutte le attività legate all'accudimento, quelle attività di cui sono da sempre responsabili le donne: prendersi cura dei genitori anziani, dei malati, e della morte che a volte irrompe nelle nostre vite.

"*Cosas de la vida*," dicono in Sudamerica. Nascite, bambini, malattie, accudimento degli anziani, amori, relazioni: sono tutte cose della vita.

Se ci riflettiamo con attenzione, le cose della vita sono anche "cose di donne". Non è interessante? Da un certo punto in poi della mia vita, ho sentito chiaramente che volevo occuparmi di più di queste cose, volevo che mi avvolgessero. Non si trattava più di trovare mezz'ora per far fare i compiti a mio figlio. Volevo di più.

Questo è il problema, credo: vogliamo di più!

Volere di più può significare scegliere di esistere non solo attraverso il lavoro.

Iniziare a realizzare che ciò che il mondo considera "di successo" forse non lo è necessariamente anche per noi. Significa iniziare a chiedersi:

cosa è importante per me?

Cosa conta nella vita?

Cosa significa essere capaci di costruirsi una carriera "sostenibile"?

Molti anni fa mi sono presa un periodo sabbatico. Lavoravo come dirigente in una grande azienda e non sapevo più cosa volessi.

Non ero più in grado di riconoscere i miei bisogni. Sapevo solo di essere stanca: mi sentivo sfinita. Era un malessere indicibile a cui non avrei saputo dare un nome. Anche adesso mi è difficile spiegarlo: all'esterno apparivo come una donna in carriera e di successo. Il mio malessere era la mia sola consapevolezza.

Una mattina, sotto la doccia, ho sentito un nodulo al seno. Nessun pericolo reale: ecografia, ago aspirato, la prassi usuale. Nulla di preoccupante, ha detto il chirurgo, cose che succedono, senza un particolare significato. Io invece sentivo che il mio corpo mi stava dicendo qualcosa. Pensavo alle molte amiche entrate in menopausa prima dei quarant'anni: anche a loro i medici avevano detto "cose che succedono". Le donne non ne parlano volentieri. Sembra che l'immagine di una donna di successo non preveda la malattia, spesso considerata alla stregua di una colpa. Ho cominciato da lì, dal sentire che nel mio corpo si era inceppato qualcosa. Non avevo nessun'altra consapevolezza.

Ho iniziato allora, in principio quasi brancolando nel buio, a frequentare tutti i corsi che potevano mettermi a contatto con il mio corpo: yoga, recitazione, canto, ballo. Provavo dapprima con timore, poi via via con maggior consapevolezza. Andavo alla ricerca della via che mi avrebbe avvicinata al mio corpo.

Da questa ricerca è scaturita un'energia che non pensavo di avere.

Mi sentivo come l'acqua di un torrente impetuoso. Per la prima volta volevo vivere pienamente e completamente, anziché passare la vita a raggiungere obiettivi che non mi corrispondevano più.

Mi lasciavo portare dalla corrente, come una foglia dal vento. Per la prima volta ho sentito che stavo accettando di esistere totalmente e completamente, invece di inseguire mete che in verità non condividevo.

Per anni ho nascosto la mia essenza più profonda sotto strati di abitudini maschili perdendo ogni traccia del mio essere femminile. Mi riconosco un solo merito: essere stata capace di ascoltarmi prima che fosse troppo tardi, e aver mantenuto un filo, a volte quasi invisibile, con quella che io ritengo essere la mia verità.

Mettersi alla ricerca della propria verità. Accettare di non sapere; avendo fiducia che nuove consapevolezze emergeranno durante il viaggio; senza preoccuparsi di sapere tutto e convincendoci che i dubbi possono essere utili. Concedersi, finalmente, la libertà di dire: "Non so, ci devo pensare. Mi prendo il mio tempo".

Non ho ricette, né penso che ne esistano. La ricerca ossessiva di manuali che ci insegnano come vivere spesso nasconde la paura di dover comprendere che la strada verso la conoscenza di noi stessi è lunga, ma soprattutto personale.

La prima cosa da fare per divenire autentiche è probabilmente imparare ad ascoltarci. La nostra verità, la nostra vera voce, è spesso nascosta ed è necessario il silenzio perché il nuovo e il vero emergano. Solo così i nostri bisogni più profondi potranno essere uditi.

Il bisogno, lo abbiamo detto, rappresenta il nostro impulso fondamentale verso la soddisfazione biologica, emotiva e spirituale. La soddisfazione di queste necessità garantisce la sopravvivenza della nostra identità.

Uno dei passi più importanti nella vita è saper riconoscere i propri bisogni più profondi. Ma quali erano i miei bisogni?

Credo che questo sia il problema maggiore per noi donne: non sappiamo cosa vogliamo. Ci siamo allontanate troppo da noi stesse e ora è difficile trovare la strada che ci condurrà a casa.

Abbiamo introiettato il modello maschile così a lungo, e così profondamente, che non siamo più in grado di riconoscere cosa vogliamo veramente e cosa ci rende felici.

Cosa mi rende felice?
Il mio lavoro mi permette davvero di esprimermi?
Chi sono?
Sappiamo riconoscere i nostri doveri più sacri?
Queste sono domande semplici che dovremmo porci sempre, o cominciare a porci.

Pensiamo per un attimo all'idea attuale di bellezza: siamo certe di identificarci con questo modello? Molte donne risponderebbero di no.

L'immagine femminile nei media è molto lontana dalla realtà. Troppo magre, troppo giovani, spesso con sguardi sofferenti: è strano e allo stesso tempo preoccupante che la pubblicità utilizzi questo tipo di donna per attrarre pubblico femminile. Perché compriamo un certo tipo di crema o un certo vestito? Ci piacciono veramente le modelle della pubblicità? E siamo sicure di essere contente, ora che molte di noi sono diventate quasi uomini e come tali si comportano?

Siamo certe di voler passare la nostra vita, le nostre giornate, in uffici con luce artificiale e aria condizionata fino alle nove di sera? Di partecipare a riunioni spesso stancanti e senza senso?

Le cose della vita ci stanno chiamando, sono là fuori e premono per entrare nelle nostre giornate.

Da tempo ho rifiutato la ferita che tutte noi, consciamente o inconsciamente, nascondiamo.

E questa ferita si forma attraverso il nostro essere eternamente divise in due. Quando siamo al lavoro, pensiamo ai bambini a casa. E mentre ci occupiamo di organizzazione domestica, pensiamo alle cose da fare in ufficio. Per di più, non possiamo dimenticare il nostro orologio biologico... quand'è il momento più giusto per fare figli? Ce la faremo a dividerci tra una carriera che ci regala la sensazione di "esistere" e una maternità che spesso appare come un'esperienza oscura, a tratti spaventevole?

Anni trascorsi così: mai completamente concentrate sul lavoro, come possono fare gli uomini, mai completamente con la propria famiglia, come fanno solitamente le madri.

Imparavo ad affrontare una grande frustrazione perché il mio "prodotto finale" mi pareva fosse sempre migliorabile: "Se solo non avessi i bambini a cui pensare, avrei scritto meglio questo documento!". E poi: "Non sarebbe meglio per tutti se avessi più tempo da dedicare a mio figlio, anziché stare sino a tardi in ufficio?".

Non ero mai soddisfatta di me stessa.

Lungo il cammino verso la conoscenza di sé, quando finalmente ho cominciato ad accettarmi e a riconoscere la mia essenza più profonda, ho cominciato anche a identificare le cose importanti per me.

E la ferita ha iniziato a rimarginarsi, miracolosamente.

Non era più tempo di "o questo, o quello": bambini o lavoro, corpo o mente, amore o carriera.

Piuttosto, la vita poteva unire, tenere insieme.

Volevo unire la ragione con il mio bisogno di vita.

Unire la mente con il richiamo potente della natura.

Unire, o meglio ri-unire, annullare la separazione che ci spinge alla nostra personalissima ricerca di senso: il significato del nostro essere su questa terra.

Unire.

Sciogliere l'ultimo nodo che impedisce la nostra libertà. Mettere finalmente a frutto tutto quanto abbiamo imparato durante gli anni e ciò che siamo diventate: la bellezza dell'universo, la maternità, un lavoro, l'amore, gli studi letterari, lo yoga, la passione. Tutte esperienze che mi appartengono e che hanno influenzato la mia vita. La ferita è stata sostituita da un cammino verso l'autenticità, che implica fermare la lotta e cominciare a mettere insieme le parti.

La scorsa estate ho passato le vacanze con i miei figli, Alessandro ed Eleonora. Mentre scrivevo, mi interrompevano spesso. Il disappunto che nasceva dall'essere distolta dal lavoro veniva lentamente rimpiazzato dalla meraviglia che la loro stessa esistenza mi suscitava. Non volevo più chiudere la porta ai sensi e alle emozioni. Li osservavo. Il mio lavoro avrebbe subìto un ritardo. I miei sentimenti avrebbero influenzato il mio lavoro. Univo, tenevo insieme le parti.

E nell'unire, scoprivo anche le fasi del mio corpo. Le ho scoperte durante la gravidanza. Fino a quel momento, mi ero identificata solo con la mia testa.

Ora amo il mio corpo, mi racconta molto di me e ho imparato ad ascoltarlo.

Lo yoga mi ha indicato la via dell'unione.

Il ballo mi ha regalato una dimensione erotica della vita.

Unisco, tengo insieme.

Mi impegno a unire, anziché a separare.

È importante iniziare a occuparsi delle cose che realmente contano. Noi donne siamo sempre state presenti quando si tratta di occuparsi delle cose della vita, delle cose che contano. Dando la vita, curando gli ammalati e seguendoli sino alla morte. È tempo per noi di crescere e di accettare le nostre responsabilità. Tempo di riconoscere chi siamo e le nostre potenzialità. Tempo di onorare i nostri doveri.

È tempo di vivere le nostre vite meglio e più pienamente. Siamo pronte, ora, per un salto qualitativo.

Scegliamo di dare vita a un Nuovo mondo.

Per farlo, dobbiamo trovare il coraggio di nominare il mondo al femminile.

Trovare il coraggio di metterci alla prova.

La capacità di nominare il mondo al femminile coincide con l'arte personalissima di ciascuna donna di dire e creare la propria vita in modo unico e nuovo.

È un cammino lungo e difficile.

Come dicevamo, comincia con il riconoscere chi siamo e cosa vogliamo veramente.

Cosa conta per noi e qual è il nostro ruolo nel mondo.

Continua con l'insegnare al mondo chi siamo e quali sono le nostre potenzialità.

Trasformiamoci: dall'"essere" perché sappiamo lavorare come uomini, a un "essere" che si forma proponendo un modo nuovo e complementare a ciò che già esiste.

Così da poter essere realmente Due, anziché Uno e la sua brutta copia.

Avviamoci verso la nostra vera casa e andiamo incontro a noi stesse.

Forse si può accettare di stare in bilico, può anche essere un'esperienza interessante. Forse non è necessario essere sempre certe. Qualche volta l'incertezza, la consapevolezza di essere sospesi, può essere foriera di sorprese inimmaginabili.

È tempo di dare spazio ai sentimenti, ai sensi e allo spirito.

Forse può essere nostra precisa responsabilità essere un esempio vivente di come il bisogno di ragione e l'espressione della vita possano coesistere.

Forse potremmo iniziare diventando vulnerabili.

Io voglio essere vulnerabile. Sono stanca di essere e apparire invulnerabile.

La vulnerabilità è bella, mostra i nostri sentimenti più profondi, mostra i moti della nostra anima.

Il nostro volto visto come fenomeno archetipico reca un messaggio: vulnerabilità assoluta. Il volto è l'espressione della nostra autenticità.

Mostrando il nostro vero volto, smettendo di nasconderci, iniziamo a cambiare il mondo.

Diventiamo testimoni viventi della vita che è fatta da ragione e vita, razionalità ed emozione. E spiritualità.

"Se non lavori non esisti."

"Ma questa equazione non considera che dietro a tutte le attività produttive c'è un essere umano che sta lavorando."

Forse c'è un altro modo per uscirne. Ripensare l'idea di lavoro cominciando da una semplice domanda: gli obiettivi dell'economia sono anche i nostri?

È evidente che il problema del lavoro non può riguardare solo l'economia. La produzione senza fine di merci non può dare un senso alla nostra vita.

Più di un miliardo di persone non hanno accesso all'acqua potabile.

850 milioni sono sottonutrite.

7 milioni di ettari di foresta vengono distrutti ogni anno.

L'1 per cento della popolazione mondiale detiene il 40 per cento della ricchezza mondiale.

Unire ragione e vita per dare un nuovo senso alla nostra vita.

Quante volte abbiamo visto questi dati?

Ma come li abbiamo guardati?

Usando la ragione. Cosa accadrebbe se li guardassimo utilizzando la ragione e il profondo bisogno di rispettare e onorare la vita?

"Mettiamo al mondo il mondo."

Recuperiamo la nostra saggezza profonda: noi donne sappiamo che il cambiamento del mondo può partire dal nostro personale cambiamento.

"Le donne dovrebbero essere responsabili dello sviluppo sostenibile della terra, dedicandosi al nobile scopo di costruire le nazioni," dice Pratibha Patil, primo presidente donna della Repubblica indiana.

Se vogliamo salvare la natura fuori di noi, dobbiamo iniziare con il salvare la natura dentro di noi.

Portiamo a conoscenza degli altri cosa significhi essere una donna.

Mostriamolo al mondo.

Sostituiamo il dover fare con l'essere.

Proponiamo come modello di forza il giunco, che durante la tempesta non si spezza, come invece fa la quercia.

Accettiamo che i tempi delle donne sono diversi da quelli degli uomini.

Accettiamo che il progetto di un nuovo modo di concepire la vita richiede tempo, condizioni propizie, calma, silenzio e un ambiente protetto.

Solo così saremo in grado di dare il benvenuto al mondo.

Postfazione
Il signor Mario

Arrivo in ospedale verso l'una di notte. Un infermiere mi fa cenno di seguirlo: entro in una stanza grande, nella penombra mi appaiono i letti dei malati. Il signor Mario è il primo a sinistra, mi dice sottovoce l'infermiere. Prendo una sedia. Un paravento divide il letto da quello del vicino: che di là c'è qualcuno lo capisco da un lamento flebile e ininterrotto.

Intravedo la sagoma del signor Mario sotto la coperta, la sola luce è quella che filtra dal corridoio. Rimpicciolito dalla malattia, le braccia stese sopra il lenzuolo, la testa reclinata a sinistra, respira piano. Non pare riconoscere più. Però non ne sono certa. Il signor Mario è un amico di mio padre. Vecchio, separato, senza figli, non ha parenti. Da qualche mese ha un cancro e stanotte sta morendo.

Mi hanno chiamato dall'ospedale verso mezzanotte: è l'unico numero telefonico che avevano. Mi sono vestita velocemente e sono corsa qui. Non c'era nessun altro da chiamare. Qualcuno doveva venire.

Lo conosco da anni, ma non abbiamo mai avuto rapporti stretti; mi dispiace che stia morendo, ma non sono disperata: semplicemente, non lascio morire una persona da sola, faccio ciò che è giusto fare.

Gli prendo la mano, asciutta, la pelle screpolata com'era quella di mia zia poche ore prima di morire. La pelle si asciuga quando sei moribondo, l'ho imparato. Tendo la mano verso una scatoletta di crema sul comodino, l'avrà portata mia madre ieri. Ne prendo un po' e comincio a spalmargliela piano sulla mano, sul polso, fino al gomito. Non so se ne senta il beneficio, nulla traspare dalla sua espressione.

Faccio piano, molto piano, mi pare, la sua, una pelle delicatissima, trasparente.

Con lo sguardo abituato all'oscurità intravedo le labbra screpolate e leggermente socchiuse. Dal comodino prendo un bicchiere, verso dell'acqua. Poi con un cucchiaino ne faccio scivolare un po' tra le labbra del signor Mario. So come si fa perché l'ho visto fare a mia madre, quando assisteva la zia Elvira. Mia madre l'ha imparato da mia nonna Bice. Mia nonna Bice a sua volta l'avrà appreso da sua madre.

Inizio a parlare, sottovoce, mentre gli tengo la mano. Racconto le cose che so di lui, del suo passato; parlo di episodi che abbiamo vissuto insieme: un Natale che aveva trascorso con la mia famiglia, una volta che avevamo riso di uno scherzo fatto a mio padre, la sua passione per la pasta fatta in casa, cose così. Respira piano adesso.

Intorno rumori da lontano, pochi infermieri che passano. Il vicino a un tratto grida. Mi alzo e chiamo un infermiere. Arriva e gli versa una medicina. "Sta morendo," mi dice.

Le prime luci dell'alba filtrano dalle tapparelle: l'ospedale è nel centro di Milano. Si sente il traffico che riprende. Guardo il signor Mario, ma lui non pare accorgersi di nulla. Fa niente, penso. Gli tengo ugualmente la mano, perché se invece dovesse capire potrebbe essere sollevato dal fatto di non essere solo.

"Mario, mi sente? La vuole un po' d'acqua?, poca poca?"

Entra un infermiere, il rumore mi distrae. Sento una stretta alla mano, piano. Mario mormora qualcosa, mi avvicino e mi pare dica il mio nome. Mi ha riconosciuta, penso. Ecco, non si sa mai.

Arriva un medico, guarda il signor Mario. Mi comunica che ormai è alla fine e che, se anche gli parlassi, non mi riconoscerebbe. Guardo il medico, lui mi guarda di sfuggita ed esce.

Tengo la mano al signor Mario e lo guardo. Ora lo vedo bene perché entra un po' più di luce dall'esterno. Ha ottant'anni, penso, in fondo non ha avuto una vita peggiore di altri. Ha avuto la sua vita ed è andata così, né bene, né male. Una vita come tante altre.

È ormai mattina inoltrata quando Mario mi stringe improvvisamente la mano, forte. Ha come un sussulto. Mi viene da accarezzarlo, lo faccio. E continuo ad accarezzarlo finché arriva l'infermiere: "È inutile," mi dice, "è morto". "Lo so," gli rispondo, mentre continuo a passare la mano sulla testa, sulle guance, sulle mani del signor Mario. Piano.

Il Corpo delle Donne
il testo del documentario

Ho lavorato e sono sfinita, non immaginavo così tanta fatica, così tanta noia. Adesso so che le immagini non sono solo immagini, sono comunicazione, memoria, sapere, educazione...

Di certo non immaginavo che le immagini televisive fossero uno specchio così preciso per alcuni comportamenti. Ho cercato di guardare dentro quello specchio per vedere chi siamo e magari riuscire a modificarci se non ci piacciamo.

Ho capito anche che talvolta gli specchi servono a nascondere, oltre che a rivelare.

Volti ricondotti a maschere dalla chirurgia estetica.

Corpi gonfiati a dismisura come fenomeni da baraccone di un circo perenne che ci rimandano un'idea di donna contraffatta, irreale. Allora sono sicura che la tv la puoi guardare, la puoi sopportare, ma solo pensando che è un grande circo.

I volti e i corpi delle donne reali sono stati occultati; al loro posto, la proposizione ossessiva, volgare e manipolata di bocche, cosce, seni: una rimozione e sostituzione con maschere e altri materiali.

Dove sono finite le "qualità" del femminile nelle immagini che oggi dominano?

Non riusciamo a scorgere in tv una natura peculiare dell'essere femminile, un'identità nuova, originale, genuina – se non una in contrapposizione a quella maschile –, a parte pochissimi casi su reti minori o in orari di bassa audience.

La presenza della donna in tv è una presenza di quantità, raramente di qualità.

La donna proposta sembra accontentare e assecondare i presunti desideri maschili sotto ogni aspetto, abdicando completamente alla possibilità di essere l'Altro.

Ridotta e autoridottasi a oggetto sessuale, impegnata in una gara contro il tempo che la costringe a deformazioni mostruose, costretta a cornice muta o assurta al ruolo di conduttrice di trasmissioni inutili dove mai è richiesta la competenza. È come se la donna non riuscisse a guardarsi allo specchio, non accettando se stessa, la propria faccia così com'è.

Essere autentici probabilmente costituisce uno dei diritti fondamentali dell'uomo. Ma essere autentici richiede di saper riconoscere i nostri desideri e i nostri bisogni più profondi.

Dal mio punto di vista, credo che il vero problema delle donne sia non essere più in grado di riconoscere i propri bisogni, e di conseguenza come è possibile essere autentiche?

Abbiamo introiettato il modello maschile così a lungo e così profondamente da non sapere più riconoscere cosa vogliamo veramente e cosa ci rende felici. Voglio dire che ci guardiamo l'un l'altra con occhi maschili, guardiamo i nostri seni, le nostre bocche, le nostre rughe come pensiamo un uomo li guarderebbe.

Il modello corrente di bellezza non ci rappresenta ed è perlomeno strano che la pubblicità utilizzi immagini con riferimenti sessuali appetibili per i maschi per attrarre pubblico femminile...

Sono sicura che senza questa pressione continua sul "dover essere belle" secondo dei canoni che noi non abbiamo scelto, ci accetteremmo molto di più per quel che siamo.

E se è vero che i corpi dicono sempre qualcosa di più della lingua di chi vorrebbe dominarli, cosa ci stanno dicendo questi corpi?

Al Bagaglino, poche settimane dopo l'umiliante vicenda di Vallettopoli, Elisabetta Gregoraci avvalorava il ruolo degradante avuto nello scandalo cantando *La rumba del lecca lecca*.

Ma avevamo bisogno della valletta sado-maso? C'era bisogno di una figura così carica di un erotismo per nulla solare, che probabilmente impedisce che gli uomini che rientrano a quell'ora dal lavoro abbiano voglia di cambiare canale?

Perché è accaduto? Forse un'ipotesi è perché è così che funziona il sistema, questi sono i nostri modelli di riferimento. È così che funziona, dall'alta moda alla politica, dallo sport alla musica pop, fino alla medicina. Entrarne a far parte ti rende una donna forte, ti dà potere.

Siccome abbiamo stabilito che le donne emancipate devono proporsi pubblicamente e dichiaratamente come oggetto di desiderio, sempre e comunque, in ogni situazione, anche quando siamo interpellate per la nostra professionalità, anche quando sullo schermo ci sono donne adulte, preparate che avrebbero forse delle cose da dire.

Siccome però l'unico segno di desiderabilità che siamo in grado di riconoscere è una esplicita allusione sessuale, abbiamo convertito tutta la nostra cultura all'estetica di uno strip club. Per riprendere queste immagini è necessario posizionare prima delle riprese la telecamera in modo che possa riprendere poi seni, vagine, cosce come in un film porno, sennonché siamo in una tv pubblica.

Cristina, ultima eroina del *Grande Fratello*, è figlia del femminismo, che reinterpreta a suo modo: prima c'era tutto da conquistare. Oggi, utilizzando anche quelle armi che una femminista avrebbe aborrito, ha dato vita a un modello di donna nuova. Che ha in sé molte contraddizioni.

Racchiude in sé tutti i simboli del femminile che lei ha manipolato sino a renderli più consoni al mercato, ma il suo carattere non è da sottomessa, perché oggi, per avere successo in questo mondo, ci vogliono degli attributi maschili.

Cristina è tornata a pigolare però come la Milo, la Biagini. E da anni le donne avevano riacquistato un tono di voce adulto.

Curiosamente, molte delle ragazze da calendario non sono altro rispetto alla femminilità diligente e studiosa, ambiziosa e determinata, descritta dalle statistiche della scuola. Spesso si tratta delle stesse ex bambine bravissime, gioia delle maestre. Sara Tommasi, paperetta, schedina e concorrente all'*Isola dei famosi*, dichiarò: "Dopo quattro anni di studi alla Bocconi sono stata manager in una grande azienda. Oggi sono io il prodotto, un prodotto che vendo nel mercato dello show business".

Dei quarantacinque muscoli facciali, a parte quelli necessari per masticare, baciare, odorare, soffiare, tutti gli altri servono per esprimere emozioni. Più articolato e complesso sarà il carattere, intendendo per carattere la nostra essenza più profonda, più individuale sarà l'espressione del volto. Cosa stanno nascondendo questi volti? Perché le donne non possono più apparire con la loro vera faccia in tv? Perché non c'è più nessuna donna adulta che possa mostrare il suo volto? Perché questa umiliazione? Dobbiamo avere vergogna di mostrare la nostra faccia? Dover nascondere le nostre rughe: il passaggio del tempo che lascia le sue tracce sul nostro volto è una vergogna? Ennesimo sopruso a cui nessun uomo viene obbligato.

Diceva la Magnani al truccatore che prima del ciak stava per coprirle le rughe del volto: "Lasciamele tutte, non me ne togliere nemmeno una, ci ho messo una vita a farmele".

Nascondendo la nostra faccia stiamo rinunciando alla nostra unicità e dunque alla nostra anima?
Il volto esprime la nostra autenticità. Anzitutto, c'è la sua esposizione diretta, senza difesa, nella quale appare la sua nudità dignitosa. È proprio il volto che inizia e rende possibile ogni discorso ed è il presupposto di tutte le relazioni umane.

Questi volti rendono possibile la relazione?

Il volto dell'Altro, dunque, mi coinvolge, mi pone in questione, mi rende immediatamente responsabile.

La faccia umana reca un messaggio: vulnerabilità assoluta.

Ed è per questo motivo che viene camuffata, nascosta, decorata, modificata chirurgicamente?

Questo spiega perché è così difficile accettare la propria faccia: è come fissare in faccia la vulnerabilità assoluta.

E come restare vulnerabili, come restare noi stesse in un mondo dove si è vincenti solo se ferocemente invulnerabili? Che scelta difficile per le donne!

Invulnerabili tra i vincenti o vulnerabili e dimenticate?

La vulnerabilità è però il maggior fascino del volto.

Pier Paolo Pasolini aveva capito in anticipo che la televisione stava per distruggere la poetica potenzialmente espressa dal volto umano.

Pasolini aveva un senso acuto della realtà del volto umano, come luogo d'incontro di energie ineffabili che esplodono nell'espressione, cioè in qualche cosa di asimmetrico, di individuale, di impuro, di composito, insomma il contrario del tipico.

Che ne è dei volti delle donne?

E del femminile espresso da ogni volto nella sua unicità?

Invecchiando, io rivelo il mio carattere, dove per carattere devo intendere tutto il vissuto che ha plasmato la mia faccia, che si chiama "faccia" perché la "faccio" proprio io, con le abitudini contratte nella vita, le amicizie che ho frequentato, la peculiarità che mi sono data, le ambizioni che ho inseguito, gli amori che ho incontrato e che ho sognato, i figli che ho generato.

"Onora la faccia del vecchio" è scritto nel *Levitico* (19, 32).

È infatti un dovere del cittadino rendere pubblica la propria faccia, e non nasconderla come oggi consentono gli interventi chirurgici. Non è da poco il danno che si produce quando le facce che invecchiano hanno scarsa visibilità: quando esposte alla pubblica vista sono soltanto facce depilate, truccate e rese telegeniche per garantire un prodotto, sia esso mercantile o politico.

Oggi sono molte le donne che hanno raggiunto potere

e fama in tv, e molte di loro sono donne mature, con una storia alle spalle: quale verità ci propongono i loro volti?

Che modello di femminile possono proporre alle donne più giovani con cui sembrano gareggiare da un punto di vista estetico?

Nessuna donna che proponga un'alternativa alla dittatura dei corpi perfetti? Le poche immagini di donne adulte non artefatte sono feroci: iene che si accaniscono verso giovani donne, laddove il confronto estetico è impari, il dileggio, l'umiliazione della più giovane da parte della donna più vecchia.

Ma se i volti non mostrano più la loro vulnerabilità, dove reperire le ragioni della *pietas*, l'esigenza di sincerità, la richiesta di risposte sulle quali poggia la coesione sociale?
"E allora il lifting, facciamolo non alla nostra faccia, ma alle nostre idee e scopriremo che tante idee che in noi sono maturate guardando ogni giorno in televisione lo spettacolo della bellezza, della giovinezza, della sessualità e della perfezione corporea, in realtà servono per nascondere a noi stessi e agli altri la qualità della nostra personalità, a cui magari per tutta la vita non abbiamo prestato la minima attenzione, perché sin da quando siamo nati ci hanno insegnato che apparire è più importante che essere, con il risultato di rischiare di morire sconosciuti a noi stessi e agli altri."

Alle elementari, per suddividere un riassunto da un altro la maestra mi diceva di disegnare le grechine, elementi decorativi, cornice del mio lavoro.
La tv pullula di cornici-donne, alcune che ripropongono il Leitmotiv erotico, altre che sono semplicemente di grazioso decoro, volti giovani e freschi che fungono da siparietto, soprammobile, grechina...

Ci ricorda Loredana Lipperini, autrice del testo *Ancora dalla parte delle bambine*, come a monte del reggiseno in vista e delle labbra gonfie, che anche la più intelligente delle ospiti di un dibattito si sente, a differenza dei colleghi maschi, obbligata a esibire, c'è il malinteso concetto per cui un essere umano che ha raggiunto la presunta liberazione dagli stereotipi possa usare i medesimi per divertirsi.

Ma giocare con i simboli, e con gli stereotipi, presuppone una consapevolezza così potente e così granitica del gioco medesimo che è molto difficile non restarne scottati.

Ci si può far infilare sotto un tavolo di plexiglas, si può assumere la funzione di gambe del tavolo, passare molto tempo lì sotto accucciata, mantenendo la leggerezza di un gioco? Senza che da qualche parte recondita del nostro corpo non si produca una ferita? E cosa sentiamo noi, di qua dallo schermo?... Lì alla tv c'è una donna che un uomo sta mettendo al posto delle gambe di un tavolo... All'epoca qualcuno provò a protestare, ma gli autori e il presentatore Mammucari si indignarono poiché "la ragazza è una scultura vivente e in gabbia ha pure i buchi per respirare".

Un numero infinito di donne UMILIATE.

L'alternativa all'umiliazione è l'incompetenza. Ragazze conduttrici senza esperienza, senza qualcosa da dire, messe lì per la loro avvenenza, inconsapevoli, che contribuiscono a dare di noi un'immagine di estrema superficialità e inconsistenza.

Molte delle donne adulte della tv italiana sono potenti come uomini e di conseguenza paiono sentirsi in obbligo di adottarne lo stile brusco, esattamente come farebbe un prevaricatore, anche se con modalità diverse.

Per anni ho creduto che la tv non mi riguardasse, non riguardasse i milioni di donne che lavorano, si impegnano, che hanno uno scopo nella vita.

Ma queste immagini balzano dalla tv ed entrano nelle nostre case, alimentano le fantasie, occupano gli occhi dei nostri figli, invadono il mondo.

È in gioco la sopravvivenza della nostra identità.

Perché non reagiamo?

Perché non ci presentiamo nella nostra verità?

Perché accettiamo questa umiliazione continua?

Perché non ci occupiamo dei nostri diritti?

Di che cosa abbiamo paura?

Bibliografia

Marilla Albanese, Gabriella Cella Al-Chamali, Fiorenza Zanchi, *I chakra. L'universo in noi*, Xenia, Milano 1996.

Lucio Apuleio, *Amore e Psiche*, Sellerio, Palermo 2006.

Jean Baudrillard, *Il sogno della merce*, Lupetti, Milano 1995.

Id., *L'altro visto da sé*, Costa & Nolan, Genova 1997.

Id., *La televisione ha ucciso la realtà?*, Cortina, Milano 1996.

Zygmunt Bauman, *Dentro la globalizzazione*, Laterza, Roma-Bari 2005.

Giancarlo Bosetti (a cura di), *Cattiva maestra televisione*, Marsilio, Venezia 2009 (2002).

Pierre Bourdieu, *Sulla televisione*, Feltrinelli, Milano 1997.

Saveria Capecchi, *Identità di genere e media*, Carocci, Roma 2006.

Iaia Caputo, *Le donne non invecchiano mai*, Feltrinelli, Milano 2009.

Camilla Cederna, *Pinelli*, Il Saggiatore, Milano 2009.

Gabriella Cella Al-Chamali, *Yoga delle dee*, Fabbri, Milano 2007.

Id., *Yoga-Ratna. Il gioiello dello yoga*, Feltrinelli, Milano 1998.

Commissione per la Parità e le Pari Opportunità tra Uomo e Donna, Sportello Immagine Donna, *La donna nei media*, presidenza del Consiglio dei Ministri, Roma 1992.

Congregazione Servi dell'Eterna Sapienza, *Il Santo Vangelo*, Tipografia Compositori, Bologna 1972.

Renato Curcio (a cura di), *La trappola etica*, Sensibili alle foglie, Roma 2006.

Maria D'Alessio, Francisco Javier Fiz Perez, Grazia Guerrieri, Fiorenzo Laghi, *Una tv per tutti*, Magi, Roma 2008.

Simone de Beauvoir, *Quando tutte le donne del mondo...*, Einaudi, Torino 1990.

Id., *Il secondo sesso*, Il Saggiatore, Milano 2002.

Tullio De Mauro, *Analfabeti d'Italia*, in "Internazionale", n. 734, 6 marzo 2008.

Annick de Souzenelle, *Il femminile dell'essere*, Servitium, Gorle 2001.

Guy Debord, *Commentari alla società dello spettacolo*, Sugarco, Milano 1995.

Cristiana Dobner, *Fare Teresa fare Diotima?*, OCD, Roma 2006.

Elena Doni, Manuela Fugenzi, *Il secolo delle donne*, Laterza, Roma-Bari 2001.

Umberto Eco (a cura di), *Storia della bellezza*, Bompiani, Milano 2004.

Umberto Galimberti, *Psiche e techne*, Feltrinelli, Milano 1999.

Susan George,

Elena Gianini Belotti, *Dalla parte delle bambine*, Feltrinelli, Milano 1974.

Roberta Gisotti, *Dalla tv dei professori alla tv deficiente*, Nutrimenti, Roma 2006.

Id., *La favola dell'Auditel. Parte seconda*, Nutrimenti, Roma 2005.

Aldo Grasso, *Storia della televisione italiana*, Garzanti, Milano 2002.

Germaine Greer, *L'eunuco femmina*, Bompiani, Milano 1972.

Id., *Shakespeare's wife*, Bloomsbury, London 2008.

Alessandra Guli, *Le acque lunari*, Xenia, Milano 1999.

Vivian Gurnick, Barbara K. Moran (a cura di), *La donna in una società sessista*, Einaudi, Torino 1977.

James Hillman, *La forza del carattere*, Adelphi, Milano 2000.

Eric J. Hobsbawm, *Il secolo breve*, Rizzoli, Milano 2007.

Bell Hooks, *Tutto sull'amore*, Feltrinelli, Milano 2000.

Henrik Ibsen, *Casa di bambola*, Einaudi, Torino 1972.

Luce Irigaray, *Essere due*, Bollati Boringhieri, Torino 1994.

Id., *In tutto il mondo siamo sempre due*, Baldini Dalai Castoldi, Milano 2006.

Id., *Sessi e genealogie*, Baldini Dalai Castoldi, Milano 2007.

Shelley Jackson, *La melancolia del corpo*, minimum fax, Roma 2004.

Alejandro Jodorowsky, *La danza della realtà*, Feltrinelli, Milano 2008.

Erica Jong, *Becoming Light: Poems New and Selected*, Harper Collins, New York 1991.

Jean-Claude Kaufmann, *Corpi di donna, sguardi d'uomo*, Cortina, Milano 2007.

J. Krishnamurti, *Che cosa vi farà cambiare*, Ubaldini, Roma 1981.

Monica Lanfranco, *Letteralmente femminista*, Punto Rosso, Milano 2009.

Doris Lessing, *L'abitudine di amare*, Feltrinelli, Milano 1997.

Id., *The cleft*, Harper Perennial, London 2007.

Ariel Levy, *Sporche femmine scioviniste*, Castelvecchi, Roma 2006.

Libreria delle Donne di Milano, *Non credere di avere dei diritti*, Rosenberg e Sellier, Torino 2005.

Loredana Lipperini, *Ancora dalla parte delle bambine*, Feltrinelli, Milano 2007.

Adriana Lotto (a cura di), *Una donna in guerra*, Cierre, Verona 1996.

Ella Maillart, *La via crudele*, EDT, Torino 1993.

Nelson Mandela, *Lungo viaggio verso la libertà. Autobiografia*, Feltrinelli, Milano 1997.

Dacia Maraini, *Ma la donna non è una slot machine*, intervista a Pier Paolo Pasolini, "L'Espresso", 22 ottobre 1972.

Francesco Marinozzi, *Lo schermo del quotidiano*, Effatà Editrice, Cantalupa 2009.

Marshall McLuhan, *Gli strumenti del comunicare*, Il Saggiatore, Milano 1999.

Denis McQuail, *Sociologia dei mass media*, il Mulino, Bologna 1995.
Lea Melandri, *Le passioni del corpo*, Bollati Boringhieri, Torino 2001.

Alda Merini, *Sono nata il ventuno a primavera*, Manni, San Cesario di Lecce 2006.

Fatema Mernissi, *L'harem e l'occidente*, Giunti, Firenze 2000.

Luisa Muraro, *Al mercato della felicità*, Mondadori, Milano 2009.

Id., *L'ordine simbolico della madre*, Editori Riuniti, Roma 2006.

Raimon Pannikar, *Ecosofia: la nuova saggezza*, Cittadella, Assisi 1993.

Sophia Phoca, Rebecca Wright, *Introducing Postfeminism*, Icon Books, Cambridge 1999.

Clarissa Pinkola Estés, *Donne che corrono coi lupi*, Frassinelli, Milano 1993.

Karl Popper, *Cattiva maestra televisione*, Marsilio, Venezia 2002.

Ina Praetorius, *Essays in feminist ethics*, Peeters, Leuven 1998.

Lella Ravasi Bellocchio, *La lunga attesa dell'angelo*, Cortina, Milano 1992.

Nuto Revelli, *L'anello forte*, Einaudi, Torino 2007.

Maria-Milagros Rivera Garretas, *Donne in relazione*, Liguori, Napoli 2007.

Id., *Nominare il mondo al femminile*, Editori Riuniti, Roma 1998.

Andrea Salerno (a cura di), *Violenza in tv. Il rapporto di Los Angeles*, Donzelli, Roma 1996.

Goliarda Sapienza, *L'arte della gioia*, Einaudi, Torino 2008.

Giovanni Sartori, *Homo videns*, Laterza, Roma-Bari 1997.

Agnese Seranis, *Smarrirsi in pensieri lunari*, Graus, Napoli 2007.

Vandana Shiva, *Le guerre dell'acqua*, Feltrinelli, Milano 2004.

Cristina Sivieri Tagliabue, *Appena ho 18 anni mi rifaccio*, Bompiani, Milano 2009.

Gertrude Stein, *Ida*, Mondadori, Milano 1948.

Renato Stella, *Box populi. Il sapere e il fare della neotelevisione*, Donzelli, Roma 1999.

Wisława Szymborska, *Vista con granello di sabbia*, Adelphi, Milano 2003.

Marina Terragni, *La scomparsa delle donne*, Mondadori, Milano 2007.

Giovanni Testori, *Interrogatorio a Maria*, Rizzoli, Milano 1979.

Alain Touraine, *Il mondo è delle donne*, Il Saggiatore, Milano 2000.

Liv Ulmann, *Cambiare*, Mondadori, Milano 1990.

Paul Watzlawick, John H. Weakland, Richard Fisch, *Change: la formazione e la soluzione dei problemi*, Astrolabio Ubaldini, Roma 1974.

Paul Watzlawick, *Il linguaggio del cambiamento*, Feltrinelli, Milano 1994.

Edward C. Whitmont, *Il sorriso della leonessa*, Piemme, Casale Monferrato 1999.

Raymond Williams, *Televisione. Tecnologia e forma culturale*, Editori Riuniti, Roma 2000.

Christa Wolf, *Cassandra*, E/O, Roma 1985.

Virginia Woolf, *Una stanza tutta per sé*, Mondadori, Milano 2000.

Muhammad Yunus, *Il banchiere dei poveri*, Feltrinelli, Milano 1999.

Maria Zambrano, *All'ombra del Dio sconosciuto*, Pratiche, Milano 1997.

Fiorenza Zanchi, Gabriella Cella Al-Chamali, *Avere un figlio*, Fabbri, Milano 2008.

Alex Zanotelli, *Korogocho*, Feltrinelli, Milano 2008.

Cesare Zavattini, *Umberto D.*, Bocca, Torino 1953.

Indice